DEUXIÈME ÉDITION

LA JOLIE PARFUMEUSE

OPÉRA-COMIQUE EN TROIS ACTES

DE

MM. HECTOR CRÉMIEUX ET ERNEST BLUM

MUSIQUE DE

JACQUES OFFENBACH

PARIS
TRESSE, ÉDITEUR
GALERIE DE CHARTRES, 10 ET 11
PALAIS-ROYAL

MDCCCLXXIV

LA

JOLIE PARFUMEUSE

OPÉRA-COMIQUE EN TROIS ACTES

Représenté pour la première fois, à Paris, sur le théâtre
de LA RENAISSANCE, le 29 novembre 1873.

Dans plusieurs villes de province, il a été imprimé, sans autorisation, un ou plusieurs morceaux de différentes pièces, notamment de **la Fille de Madame Angot,** soit dans un *journal-programme,* soit dans un *recueil* de chansons.

Nous poursuivrons rigoureusement toute contrefaçon de ce genre.

L'ÉDITEUR.

Paris, le 1er décembre 1873.

NOUVELLE ÉDITION

LA JOLIE PARFUMEUSE

OPÉRA-COMIQUE EN TROIS ACTES

DE

MM. HECTOR CRÉMIEUX ET ERNEST BLUM

MUSIQUE DE

JACQUES OFFENBACH

PARIS
TRESSE, ÉDITEUR
GALERIE DE CHARTRES, 10 ET 11.
PALAIS-ROYAL

1874

PERSONNAGES.

ROSE MICHON	Mmes	Théo.
BAVOLET (travesti).		Laurence Grivot.
CLORINDE.		Fonti.
LA JULIENNE		Pauline Lyon.
ARTHÉMISE.		Castello.
MADELON		Jane Eyre.
JUSTINE.		Guiotti.
LISE.		Godin.
MIRETTE.		E. Albouy.
POIROT.	MM.	Bonnet.
LA COCARDIÈRE.		Daubray.
GERMAIN.		Troy.
Premier Garçon		Cosmes.
Deuxième Garçon.		P. Albert.

Quatre musiciens aveugles.

Caillard, Allard, Hardon, Debain.

Quatre femmes de chambre.

Mmes Anna, E. Nœll, Jouvenceau, Mangin.

Deux demoiselles d'honneur.

Mmes R. Capet, Debrat.

Pour *toute la musique*, MM. les Directeurs doivent s'adresser chez M. Choudens, éditeur, 265, rue Saint-Honoré, près l'Assomption.

Pour la mise en scène détaillée, à M. Paul Callais, régisseur général au théâtre de la Renaissance.

LA

JOLIE PARFUMEUSE

ACTE PREMIER

AUX PORCHERONS

Le jardin-bal. — Au fond, à gauche, l'estrade des musiciens. — A droite, le cabaret avec un balcon praticable. — Enseigne : NOCES ET FESTINS, SALON DE 100 COUVERTS. — Au dessus, une horloge. — Au fond, des bosquets et l'entrée du dehors.

SCÈNE PREMIÈRE

CLORINDE, ARTHEMISE, MADELON, GARÇONS

(Au lever du rideau la scène n'est garnie que de garçons qui vont et viennent. — On entend un chœur dans le cabaret.

CHŒUR.

C'est la noce ! c'est la noce,
La noce de Rose Michon.
On n'y vient pas en carosse,
Mais on y rit pour tout de bon.
A la noce, à la noce,
La noce de Rose Michon.

POIROT, dans le cabaret.

A la santé de la mariée !

TOUS, idem.

A la santé de la mariée !

(Bravos et cliquetis de verres.)

PREMIER GARÇON, au deuxième.

S'en donnent-ils là dedans ! Voilà plus de soixante fois qu'ils y boivent, à la santé de la mariée !

DEUXIÈME GARÇON.

Faut être juste... Ils ne peuvent cependant pas boire à la tienne.

POIROT, en dehors.

A la re-santé de la mariée !...

PREMIER GARÇON.

En v'là un qu'a le gosier sec... le loustic !

DEUXIÈME GARÇON.

M. Poirot ! Leur en fait-il des bonnes farces ! Tout à l'heure, s'était-il pas déguisé en... Tiens... du beau monde qui nous arrive !... Par ici, mes dames, par ici. (Entrée de Clorinde, d'Arthémise et de Madelon.) Ces dames veulent se rafraichir ?

CLORINDE.

Oui.... donnez-nous ce que vous voudrez... de la limonade !

DEUXIÈME GARÇON.

De la limonade, voilà ! voilà ! (Il sort.)

ARTHÉMISE.

Eh bien, Clorinde, maintenant que nous sommes aux Porcherons, tu vas nous dire pourquoi...

MADELON.

Pourquoi tu encanailles en nos personnes le corps de ballet de l'Opéra ?

CLORINDE.

Mais qu'y a-t-il donc d'extraordinaire dans cette promenade ?

TRIOLETS.

I.

Je vous amène aux Porcherons,
La chose ne peut vous surprendre,
C'est le refuge des tendrons.
Je vous amène aux Porcherons,
Vous ne craignez pas les lurons
Et vous avez le cœur très-tendre. .
Je vous amène aux Porcherons,
La chose ne peut vous surprendre.

II

Pas de danger qu'aux Porcherons
Le corps de ballet s'encanaille.
Des gens que nous rencontrerons,
Pas de danger aux Porcherons,
Le commis fait danser en ronds
L'humble grisette qui travaille...
Pas de danger qu'aux Porcherons
Le corps de ballet s'encanaille.

ARTHÉMISE.

Tout cela ne nous explique pas...

MADELON.

Cette bonne Clorinde, elle a tellement l'habitude de... dorer la vérité à ses amis, que même avec nous...

POIROT, dans le cabaret.

Messieurs... à la re-re-resanté de la mariée !

TOUS.

A la re-re-resanté de la mariée !

ARTHÉMISE.

Tiens ! une noce !

CLORINDE.

Oui... c'est vrai (Elle regarde par la porte.)

ARTHÉMISE.

Ah ! mais... regardez donc, mesdames, on dirait que la mariée est jolie.

CLORINDE.

Mais je la reconnais... c'est ma petite parfumeuse de la rue Tiquetonne.

MADELON.

Rose Michon ?

CLORINDE.

Oui, celle qui ressemble à la Bruscambille.

ARTHÉMISE.

La Bruscambille?... La nouvelle danseuse qui nous arrive de Touleuse?

CLORINDE.

Justement... espérons que celle-ci est plus naïve, et moins Toulousaine.

ARTHÉMISE, riant.

Oh ! oh ! mais ça à l'air d'être une noce cossue... j'y reconnais Poirot, le suisse de l'hôtel Saint-Florentin.

MADELON.

Et je ne me trompe pas, le monsieur qui est à sa droite, c'est lui... La Cocardière...

CLORINDE, à part.

J'en étais sûre ! (Haut) Comment... La Cocardière, est avec ces gens!

ARTHÉMISE.

Allons, je devine... c'est lui que tu viens voir... pourquoi ne pas le dire tout de suite ?

MADELON.

Un gros traitant comme La Cocardière... ça se surveille.

CLORINDE.

Mais non... je vous jure, c'est le simple hasard qui...

LA COCARDIÈRE, dans le cabaret.

Ne vous dérangez pas, je vais y aller... il faut savoir parler aux garçons.

ARTHÉMISE.

Eh! le voici qui vient... c'est encore le simple hasard?...

CLORINDE.

Cette fois, oui...

ARTHÉMISE.

Allons, nous allons assister à une scène de famille.

SCÈNE II

LES MÊMES, LA COCARDIÈRE.

LA COCARDIÈRE.

Holà! Germain! Baptiste! holà! sabre de fer ou de bois... viendra-t-on, quand La Cocardiàre appelle?

CLORINDE, s'avançant.

On vient, monsieur La Cocardière.

LA CACARDIÈRE.

Clorinde!... Pincé!

CLORINDE.

Vous êtes donc de noce, monsieur La Cocardière?

LA COCARDIÈRE.

Oui, non... c'est-à-dire...

CLORINDE.

Et cette fluxion!... cette abominable fluxion qui vous a empêché de diner avec moi ce soir est donc passée?...

mais oui, voyez donc mesdames... il n'y en a plustrace.. il n'y a plus de fluxion.

TOUTES.

Il n'y a plus de fluxion.

LA COCARDIÈRE, gonflant sa joue.

Oh! si... mais je me force.. parce que... je vais t'expliquer.

CLORINDE.

C'est ça, expliquez-vous.

LA COCARDIÈRE.

J'avais oublié absolument ce matin que mon filleul... tu sais bien, mon filleul Bavolet...

CLORINDE.

Le petit clerc de procureur que vous avez chassé une fois de chez vous parce qu'il vous demandait un écu.

LA COCARDIÈRE.

Oui... c'est vrai... dans ce temps-là, il me déplaisait... mais depuis, je... me suis réconcilié avec sa nature... Je m'étais trompé sur sa nature, et, quand il est venu me dire qu'il se mariait, la voix du sang... tu ne connais peut-être pas ça, la voix du sang ?

CLORINDE.

La voix du sang d'un parrain!

LA COCARDIÈRE.

Non... je suis bête... la voix du cœur... Enfin, j'ai donné de quoi l'établir, et alors, naturellement, il m'a invité à sa noce... Mais je m'y ennuie, oh! je m'y ennuie!

CLORINDE.

Et vous avez donné beaucoup... pour l'établir?

LA COCARDIÈRE.

Pas mal... mais je n'ai pas tout donné... j'ai promis de donner demain le reste... pour faire une surprise..

CLORINDE.

A la mariée!...

LA COCARDIÈRE.

A la mariée et au marié. Tu la connais, la mariée?

CLORINDE.

Non-et vous?

LA COCAREIÈRE.

Moi, je la connais, certainement, puisque c'est moi qui dote... Elle n'est pas jolie.

CLORINDE.

Vraiment? — Je croyais qu'on l'appelait la jolie parfumeuse...

LA COCARDIÈRE.

Oui, dans la rue Tiquetonne, pas ailleurs... Une figure chiffonnée... Je n'aime pas ça... et puis c'est trop jeune.. tu sais, moi, les femmes qui n'ont pas vécu...

CLORINDE.

Merci!

LA COCARDIÈRE.

Non! je voulais dire...

CLORINDE.

Inutile, votre mot me rassure... Eh bien! prenez votre chapeau et votre canne... et venez.

LA COCARDIÈRE.

Hein?...

CLORINDE.

Puisque vous vous ennuyez, puisque le repas est terminé.., je vous ramènerai à Paris.

CLORINDE.

Que quoi ?

LA COCARDIÈRE.

J'ai promis d'ouvrir le bal... avec la .. avec les grands parents.., un sacrifice de plus... ça m'assomme... mais une fois qu'on est dans la voie des... devoirs... Connais-tu ça, toi, la voie des devoirs ?

CLORINDE.

Oui, oui j'ai connu ça quand j'étais toute petite. Soit, ouvrez le bal... je viendrai vous reprendre.

LA COCARDIÈRE.

Dans combien de temps ?

CLORINDE.

Dans une heure !

LA COCARDIÈRE.

Dans une heure... inutile de te déranger alors je serai parti... sitôt ma gavotte accomplie... je m'éclipse... à cause de ma fluxion, qui me refait un mal...

(Il se regonfle la joue.)

CLORINDE.

Sur l'autre joue?

LA COCARDIÈRE.

C'est parce que je me force.

CLORINDE.

C'est une fluxion qui se promène ?

LA COCARDIÈRE.

Elle ne se promène pas positivement... Elle voyage... C'est le sang.

CLORINDE, avec une bonhomie affectée.

Eh bien, soit, monsieur... je ne viendrai pas vous reprendre... Vous voyez que je fais tout ce que vous voulez.

LA COCARDIÈRE.

Tu es un ange! et il y a longtemps que je l'ai dit : Clorinde, c'est un ange !

(Bruit dans la coulise.)

CLORINDE.

Voici la noce qui sort de table... (bruit.) Alors, au revoir, monsieur La Cocardière.

LA COCARDIÈRE.

A demain ! (A part) Ouf!

CLORINDE bas à Arthémise.

Allons, décidément... il se moque de moi !

ARTHÉMISE.

J'en ai peur.

CLORINDE.

Heureusement qu'il est assez riche pour se payer toutez les fantaisies, même celle-là ! Mais il la payera cher.

(La Cocardière prend la main de Clorinde et la reconduit. Sortie des femmes.)

LA COCARDIÈRE seul.

Ouf ! J'ai cru qu'elle avait tout deviné. C'est que ces danseuses ont un nez !... L'habitude !... Eh bien! oui... J'en suis fou de cette petite Rose Michon !... M. de Richelieu a bien eu sa miroitière... Ventre-Mahon! Un La Cocardière, sans déroger, peut bien courre une parfumeuse!...

(La noce sort du caboret. Chaque invité tient un verre de champagne plein, à la main.)

SCÈNE III

POIROT, BAVOLET, LA JULIENNE, LA COCARDIÈRE, INVITÉS ET INVITÉES.

C'est la noce ! c'est la noce,
La noce de Rose Michon.
On n'y vient pas en carrosse
Mais on y rit pour tout d'bon.
A la noce, à la noce,
La noce de Rose Michon.

POIROT. commandant la manœuvre.

Halte ! Fixe ! Immobile !
Attention ! Attention !
Ça n'est pas un feu d'file.
C'est un feu de p'loton.
Portez verr's ! Attention, morbleu !
Un ! deux ! trois ! feu !
(Tout le monde boit.)
A la santé d'la joli' parfumeuse !
A la santé des amours et des ris !

CHŒUR.

A la santé d'la joli' parfumeuse !
A la santé des amours et des ris !

ROSE.

Merci, merci, mes bons amis !

BAVOLET.

Merci, merci, mes bons amis !

ROSE.

Nous sommes tous deux attendris.

BAVOLET.

Nous sommes tous deux attendris.
Allons p'tit' femme ! En quéqu'mots bien sentis
Dit's-leur combien leurs vœux vous rend'heureuse.

ROSE.

Je n'demande'rais pas mieux
Que d'répondre à leurs vœux,
Mais les discours... ça n'est pas mon affaire.

POIROT.

Elle a raison! La chose est claire!

LA COCARDIÈRE.

Quand on est vertueus', ça suffit!

Y'a pas besôin d'avoir d'esprit!

BAVOLET.

Tiens! le malin, là! qu'est-c' qu'il dit?

LA COCARDIÈRE *s'avançant.*

Il a raison!

LE CHŒUR.

Il a raison! il a raison!

ROSE.

Il a raison?
Et moi, j' dis qu' non.
Ecoutez plutôt ma chanson!

LE CHŒUR

Ecoutons sa chanson

ROSE.

I.

Y'a des gens qui s'imagin' bien
Que la vertu ça crétinise.
Et qu'un' jeun' fill' qu'a du maintien
Doit être un' dind' pour la bêtise.
Eh bien! ces gens là, voyez-vous,
Ils n'ont pas d' jugeott' dans la tête;

Car, pour êt' vertueuse entre nous,
Il n' faut déjà pas êt' si bête,

II.

On est gentill' ! Les fins matois
Ne manquent pas sur votre route ;
On rencontr' des loups dans les bois
Qui vous dis' : « Eh ! petite ! écoute !
« La soie irait bien à ton teint ! »
Pour juger, dans sa comprenette,
Que la toil' dur' plus que l' satin
Il n' faut déjà pas êt' si bête.

III.

N'y a pas qu' l'or qu'attaqu' la vertu ;
Un beau gas quéqu'fois vous attire,
Il nous dit : « Aimons-nous, veux-tu ?
« C'est le printemps qui nous l'inspire ! »
Mais il n' peut pas êt' votr' mari,
Et l'écouter n' s'rait pas honnête,
Pour répond' non, quand l' cœur dit oui,
Il n' faut déjà pas êt' si bête ;
Non ! pas si bête !

LA JULIENNE.

C'est très-bien, tout ça, mais est-ce qu'on ne va pas danser ?

ROSE.

La Julienne a raison ! il faut danser. (Riant.) C'est dans les lettres de faire part.

BAVOLET.

Oui... jusqu'à onze heures... C'est convenu.

LA JULIENNE.

Ah ! l'autre qui marque déjà l'heure du départ.

ROSE.

Il faut demander les musiciens, — des musiciens du café des aveugles, mesdames, s'il vous plait.

BAVOLET.

Où sont-ils donc ? Garçon...

PREMIER GARÇON.

Monsieur, on leur avait dit pour huit heures.

BAVOLET regardant l'horloge.

Oh ! vous, d'abord, toutes vos pendules retardent ; c'est un tic de la maison. (Tout le monde rit.)

LA JULIENNE.

Est-il pressé ! Voyons-donc... Tu as vingt ans et elle en a dix-huit. Vous avez joliment le temps d'être ensemble. Il y a des moments où on se doit à la société.

BAVOLET.

Alors, qu'on me laisse au moins embrasser ma femme. (Il veut l'embrasser subrepticement. Tout le monde crie.)

LA JULIENNE.

C'est défendu... A-t-on jamais vu... Mais tu n'as donc pas plus de monde qu'une ablette !... (On les a séparés. — Ils remontent.)

POIROT, qui n'a cessé de comploter dans un coin avec La Cocardière.)

Je vous ai compris... faut que nous ayons la jarretière.

LA COCARDIÈRE.

Oh ! oui... la jarretière... de sa jolie petite jambe... J'avais déjà essayé, à table, de l'avoir.

POIROT.

Ah ! c'est vous que j'ai pris pour un... bouledogue et à qui j'ai... (Il fait signe d'allonger un coup de pied.)

LA COCARDIÈRE.

Oui, mais ça ne fait rien... à la noce.,.

POIROT.

Alors, bougez pas, j'ai mon projet. (Il lui parle bas.)

LA COCARDIÈRE.

Je te bois ! (Huit heures sonnent.)

LA JULIENNE.

Eh bien ! mais, les voilà les huit heures, et les musiciens n'arrivent pas.

BAVOLET, tirant sa montre.

Oui, c'est vrai, huit heures cinq même, et comme nous n'avons que jusqu'à onze heures très-précises...

POIROT bas à La Cocardière.

Vous avez compris (La Cocardière fait signe que oui. — Haut. Eh bien, nous allons aller au-devant d'eux.

BAVOLET.

C'est ça... allez tous au-devant d'eux.

POIROT.

Et nous allons vous les ramener morts ou décédés. (Il rit bêtement et tape sur le ventre de La Cocardière.) Venez, monsieur La Cocardière; venez aussi, les hommes.

BAVOLET.

Oh ! pas moi, par exemple !

POIROT.

Non, toi, tu n'en es pas !

BAVOLET.

Merci !

POIROT.

En route ! (Bas à La Cocardière.) Nous allons en faire une bonne... cette fois... il faut que ça... éclate ou que ça crève. (Il lui retape sur le ventre.)

LA COCARDIÈRE, à part.

Il n'est pas fier.

POIROT, haut.

Nous allons au-devant d'eux.

LA JULIENNE.

Pendant ce temps, nous, nous préparerons tout pour le bal.

(Sortie des hommes. — Les femmes se mettent à table sous les bosquets, pendant que les garçons leur apportent des consommations.)

SCÈNE IV

ROSE, BAVOLET, LA JULIENNE, DAMES ET DEMOISELLES, au fond.

BAVOLET.

Enfin, ma petite femme, je t'ai donc seule un moment.

ROSE,

Oui, mais tu vas rester tranquille !

LA JULIENNE, du fond.

Ou sinon je m'en mêle, moi !

BAVOLET.

Oh ! vous, vous ne me faites pas peur !... Rose, n'est-ce pas que tu m'aimes?

ROSE.

Et vous, monsieur.

BAVOLET.

Moi je t'adore.

ROSE.

Eh bien, puisque vous m'adorez... faudrait que je sois bien malhonnête pour ne pas en faire autant.

BAVOLET.

Oh ! ma chère petite femme ! (Il l'embrasse.)

LA JULIENNE, descendant.

Hé! là-bas! (Les séparant.) Ah! décidément je vais me fâcher... A-t-on idée d'une tenue pareille?... des gens qui dans deux petites heures...

BAVOLET.

Deux petites heures... elles ne sont pas petites, celles là... allez.

LA JULIENNE.

Et qui n'ont pas une demi-heure de chemin à faire pour rentrer chez eux.

ROSE.

Une demi-heure ou trois heures!... ça.. on n'a jamais pu savoir.

BAVOLET, à part.

Nous y voilà.

LA JULIENEE.

Comment?

ROSE.

Dam, ma chère Julienne, tu vois une mariée sans domicile, une femme qui ne sait pas encore à l'heure qu'il est où elle demeure.

LA JULIENNE.

Bah! vraiment?

BAVOLET.

Oui, c'est comme ça!

ROSE.

Une vagabonde, quoi! on pourrait m'arrêter, car monsieur seul sait maintenant où j'habite.

BAVOLET.

Oui, et je ne le dirai qu'à onze heures!

LA JULIENNE.

Tiens... c'est une surprise?

BAVOLET.

Oui... uue surprise.

ROSE.

Mais, au moins, demeurons-nous près du magasin ?

BAVOLET.

Je ne sais pas.

ROSE.

Pourrai-je mettre toutes mes fleurs à la fenêtre ?

BAVOLET.

Je ne sais pas ; c'est une surprise.

ROSE

Ah ! le petit monstre !

DUETTO

ROSE.

Ah ! tenez ! monsieur Bavolet !
Si vous voulez que je vous l' dise,
Quelle que soit votre surprise,
Ell' n' me donn'ra pas c' qui m' plaisait.
Dans ma petite chambr' de demoiselle !

BAVOLET.

Bah ! laissez donc !
Vous trouverez aut' chos' dans la nouvelle,
J' vous en répond !

ROSE.

Oh ! que non !

BAVOLET.

Oh ! que si.

ROSE.

Oh ! que non !
Ma p'tit' chambre de demoiselle,
Si vous saviez comme je l'aimais !

Ah! je ne croyais pas que d'elle.
Vous me sépareriez jamais.

BAVOLET.

Dam, pour moi, quoiqu' je n' sois pas prude
Elle avait des inconvénients;
Ell' donnait en fac' de l'étude.
Et tous les clercs voyaient dedans.

ROSE.

Pourtant si de cette fenêtre
On n'avait pas su faire emploi,
Jamais m'sieur Bavolet peut-être
Ne se serait épris de moi.

BAVOLET.

Oui, c'est un matin, dans cett' chambre
Que j' vis ce joli bras, oui dà,
Passer un petit peigne d'ambre
Dans les cheveux blonds que voilà.

ROSE.

Et le soir encor, je suppose,
Quand j' préparais mon petit lit
Vous cherchiez à voir autre chose.....

(Bavolet fait un geste)

Mauvais sujet, vous m' l'avez dit!

BAVOLET,

J' n'avais pas mes yeux dans ma poche
Mais je ne veux pas, mon amour,
Que tous les clercs de la basoche,
Où j'ai plongé, plong' à leur tour!

ENSEMBLE

ROSE.

Ma petit'chambre de demoiselle.
Si vous saviez comme je l'aimais
Ah! je ne croyais pas que d'elle
Vous me sépareriez jamais.

BAVOLET.

Ta p'tit' chambre de demoiselle,
Il fut un temps où je l'aimais.
Mais aujourd'hui je m' méfi' d'elle
Et nous n'y rentrerons jamais.

ROSE.

P'tit jaloux ! va !... alors c'est décidé, je ne saurai rien.

BAVOLET

Rien, avant minuit, c'est une surprise. (Il va pour embrasser Rose, Julienne les sépare. Ah ! mais, c'est une fonction ! (Ils s'envoient des baisers de loin).

JULIENND.

Comme ça je le permets.

BAVOLET.

Ah ! c'est heurenx !
(On entend un bruit de grosse caisse dans la coulisse

JULIENNE.

Ah ! enfin, voilà les musiciens. Place aux musiciens!

T OUTES LES FEMMES.

Place aux musiciens !

SCÈNE V

LES MÊMES. LA COCARDIÈRE, puis POIROT, précédé des MUSICIENS AVEUGLES et suivi de toute la noce.

LA COCARDIÈRE, entrant.

Place aux musiciens ! Et place a l'illustre Verrouillaski au célèbre dessinateur polonais !

ROSE.

Un dessinateur !

LA COCARDIÈRE.

Oui.., charmante filleule... par alliance... un dessinateur célèbre qui, de passage aux Porcherons, vient vous prier de lui laisser faire votre portrait en trois coups de crayon.

ROSE.

A moi?

LA COCARDIÈRE.

Oui... il collectionne des mariées! c'est sa spécialité. Du reste... il le fait gratis prodeo... Par ici ! par ici! (Entrée des mucisiens du café des Aveugles avec leurs instruments.)

CHŒUR.

Du café des Aveugl' artistes musiciens,
C'est nous qui f'sons danser messieurs les Parisiens.
Pour gagner son argent.
Chacun d'nous souffle et beugle
Beugle comme un aveugle
Dedans son instrument,
Du café des Aveugles. Etc.

(Ils prennent place sur l'estrade

(Entrée de Poirot déguisé grotesquement. Il tient une immense carton sous son bras. Il est suivi des invités.

POIROT,

Place au grand Verrouillaski,
Au célèbre peintre qui
Dans les bouchons s'est acquis
Un renom des plus exquis.
Place au grand Verrouillaski!

I

Je peins, je crayonne et dessine.
Je peins des tableau, des portraits
Je peins, et d'une main divine
Une tête fine,
Sé· ère ou badine,
Et je le rends traits pour traits.

Je peins; ma brosse immortalise ;
Je peins des têtes de héros,
Je peins des minois de marquise.
Ma palette exquise.
Les idéalise
Et mes clients sont tous beaux

Des célébrités modernes,
Moi. je brave le renom.
Les cabarets, les tavernes
Retentissent de mon nom.
Si, par le bon goût conduite,
Madame de Pompadour
Avait connu mon mérite,
Elle aurait lâché Latour!

REPRISE.

Je peint etc. etc.

CHŒUR.

Il peint, etc., etc.

II

POIROT.

M'sieu Boucher, à sa manière;
Vous fait des d'ssus d'portes. Moi,
Je vous fais un'porte entière,
Et plus vit' que lui, ma foi !
Dir' que dans l' siècle où nous sommes
On parle de mossieu Watteau !
Tout ça, ça n'est pas des hommes,
C'est des peintr' qui n'boiv' que d'l'eau.
Je peins, etc., etc.

CHŒUR.

Je peins, etc, etc,

CHŒUR.

Il peint, etc., etc.

LACOCARDIÈRE.

Un peintre très-célèbre et connu dans tous les

cabarets. Mais qu'est-ce que vous voulez? les grandes dames ont la manie de ne pas venir visiter les cabarets.

POIROT.

Comment voulez-vous qu'on perce? (Changeant sa voix.) Si maintenant, ma charmante, vous voulez bien me prêter votre figure pendant cinq minutes...

ROSE.

Certainement, monsieur le peintre... mais c'est bien de l'honneur que...

POIROT.

C'est vrai, c'est de l'honneur, mais je vous la fais tout de même.

LA COCARDIÈRE, avec d'autres invités préparant une table au pied d'un arbre.

Si vous voulez bien monter là-dessus.

ROSE.

Là-dessus... pourquoi faire?

BAVOLET.

Minute! qu'est-ce qu'on veut faire à ma femme?

LA COCARDIÈRE.

C'est pour qu'il vous voie mieux.

POIROT.

Oui, je travaille qu'en pied.

ROSE.

Mais je vais tomber.

LA COCARDIÈRE.

N'ayez pas peur, je vous tiendrai.

ROSE.

Allons! puisqu'il le faut. (Elle monte sur la table.) Là!

POIROT.

Attendez... prenez une pose gracieuse, s'il vous plaît.

ROSE.

Gracieuse... c'est que je ne sais pas, moi.

BAVOLET.

Reste comme tu es, va, Rose, tu seras charmante !

POIROT.

Levez le bras droit comme ça. (Rose obéit.) Reculez la jambe gauche comme ça. (Faisant un geste à la Cocardière, bas.) A vous la jarretière !

JULIENNE

Qu'elle est mignonne ! V'la un petit homme qui n'est pas à plaindre.

Rose renvoie vivement sa jambe en arrière et donne un coup de pied dans la tête de La Cocardière qui s'était déjà glissé sous la table pour enlever la jarretière.

LA COCARDIÈRE.

Aïe !

ROSE.

Ah ! mon Dieu ! J'ai fait du mal à quelqu'un.

POIROT, faisant signe à La Cocardière de ne pas bouger.

Non, c'est à l'arbre, derrière... ne vous inquiétez pas... Pointez un peu le pied droit. C'est ça... ne bougez plus maintenant, je commence.

BAVOLET.

Qu'elle est jolie comme ça !

La Cocardière est sorti de dessous la table et s'approche de la jambe de Rose, en passant derrière l'arbre.

ROSE.

Ah ! mon Dieu... monsieur le peintre !

POIROT.

Qu'est-ce qu'il y a?

ROSE.

Ca me gratte à la jambe gauche.

POIROT.

Ne bougez pas !

ROSE.

Oh ! si ! ça me chatouille trop !...

POIROT.

Ne bougez pas, que je vous dis !

ROSE, jette un petit cri.

Ah ! (Elle saute de la table et tombe dans les bras de Bavolet.)

LA COCARDIÈRE, qui a enfin réussi à enlever la jarritière, se redresse en renversant la table. Bousculade générale.

Je l'ai ! Victoire !... j'ai la jarretière de la mariée !

POIROT.

Enfin, ça n'est pas sans peine ! (Il jette au vent son déguisement et saute de joie.) Tra deri, dera, deri dera.

ROSE, descendant.

Poirot... c'était Poirot !

POIROT.

Lui-même... Comment truffez-vous que je me truffe ? On distribue aux hommes des morceaux de la jarretière qu'ils mettent à leur boutonnière.

JULIENNE.

Ah qu'il est drôle cet animal là.

POIROT.

Ah c'est une bonne farce.

LA COCARDIÈRE.

Seulement, j'ai l'œil en compote... ça me fait une gifle et un coup de pied. (A part.) Mais quelle jambé ! c'est immense.

POIROT.

Bah ! il n'y a pas de roses sans épines et de jarretières sans ardillons (A Rose.) Sans compter, belle Rose, que j'avais commencé à vous dessiner et que ça venait... Regardez plutôt. (Il montre un nez énorme.)

ROSE.

Oh ! l'horreur !

POIROT.

Comment ? mais c'est son nez.

BAVOLET.

Non, c'est le tien.

POIROT.

Ah bien ! je me serai trompé. Ecoutez donc, pour un homme qui n'a été que dix-huit ans à l'école.

LA JULIENNE.

Allons, allons ! ne perdons pas de temps ! En place pour le rigodon !

TOUS.

En place !

POIROT, à un musicien.

Le rigodon ! Permettez, vous me mettez votre clarinette dans l'œil.

LA CLARINETTE.

Pardon, monsieur, c'est que je n'y vois pas clair.

POIROT.

Vous êtes aveugle de naissance ?

LA GROSSE CAISSE.

Non, monsieur.

LA COCARDIÈRE.

Par accident ?

LE TROMBONE.

Non, monsieur !

LE VIOLON.

Par vocation. (Tout le monde rit.)

LAJULIENNE.

Allons! allons! ne perdons pas de temps! En place et en avant la ronde!

ROSE.

Histoire de la belle Jeanneton...

BAVOLET.

Et du chevalier errant.

RONDE. (On danse sur le refrain.)

ROSE.

Un jour Jeann'ton, courant à travers bois,
S'mit par mégarde une épin' dans le doigt.

BAVOLET.

Un brave et jeune chevalier errant
Passait par là dans ce moment

CHŒUR.

Ohé! Marjolaines!
La brigue don, daine
Mettez des mitaines
Mettez des mitons
La brigue don don!

II.

BAVOLET.

Qu'as-tu? qu'as-tu, Jeanneton? réponds-moi.

ROSE.

J'ai z'une grosse épine dans le doigt.

BAVOLET.

Avec ma lanc', mon casque et mon armet
Je vais te l'enlever tout dret.

ROSE.

Bien obligé, brave et beau chevalier,
Vraiment ne sais comment vous remercier.

BAVOLET.

Bah ! cherche un peu, la belle Jeanneton,
N'es-tu pas fille et moi garçon?

CHŒUR.

Ohé ! Marjolaines,
etc...

III

BAVOLET.

Donn'-moi, donn'-moi seul'ment un baiser,
Ça suffira, vrai Dieu, pour me payer.

ROSE.

La pauvr' Jeann'ton qu'avait le cœur content
Lui en donna tout d'go deux ou trois cents.

BAVOLET.

Puis il partit combattr' les Sarrazins.
L'histoir' ne nous dit pas s'il en revint.

ROSE.

Mais chacun sait qu'à Jeann'ton avait
En partant laissé son portrait!

CHŒUR.

Ohé ! Marjolaines
Etc

(Après la ronde, Bavolet s'esquive.)

LA JULIENNE.

Comment, c'est tout? alors on ne sait pas la fin de l'histoire.

POIROT.

Mon Dieu! ça a dû finir comme toutes les histoires. Ils se marièrent... Ils vécurent heureux...

LA COCARDIÈRE.

Et ils eurent beaucoup d'enfants.

(On entend sonner un coup à l'horlogr.)

LA JULIENNE.

Hein? déjà la demie de dix heures qui sonne. (Second coup.) Hein? (Troisième coup.)

POIROT.

Trois demies! Il est dix heures trois demies! (Quatrième coup.) C'est la première fois... (Cinquième coup etc.) Oh! regardez donc là haut. (Tout le monde regarde la pendule — Bavolet, monté sur le balcon, est en train d'avancer l'horloge.) Il avance la pendule!... Bavolet, ohé!

TOUS.

Bavolet!

POIROT.

Ce n'est pas du jeu. Veux-tu bien descendre tout de suite.

BAVOLET.

Écoutez, je vous jure qu'elle retarde.

POIROT.

Veux-tu descendre ou je monte? A-t-on jamais vu?... mais il a donc des fourmis dans la tête. (Il rit bêtement et tape sur le ventre de La Cocardière.)

ROSE.

Pauvre Bavolet! (Bavolet est redescendu).

LA JULIENNE.

Écoutez! le pauvre petit, il commence à me faire de la peine; moi je lui sacrifie une demi-heure de gavotte.

POIROT.

Ma foi, moi aussi... d'autant plus que ma boucle s'est cassée. (Il montre sa culotte.)

LA JULIENNE, à Bavolet qui revient.

Allons, petit... viens ici, tu vas voir si nous avons du monde nous... il est onze heures moins vingt-cinq. — Eh bien, il est onze heures.

POIROT.

Onze heures juste.

LA JULIENNE.

Et l'on s'en va!

BAVOLET.

Ah! (Il embrasse la Julienne et va embrasser Poirot au cou duquel il saute.)

POIROT.

Mais t'en a-t-y, des fourmis.

LA JULIENNE.

Allons la mariée. (Rose a baissé les yeux depuis quelques instants.) Allons passer votre mante! Allez vous préparer, les gens de la noce. (Sortie de tous les invités.)

BAVOLET.

Mon parrain... restez... j'ai à vous parler.

LA COCARDIÈRE.

A moi?

BAVOLET.

Oui... (A Poirot.) Tu peux rester...

ROSE, en s'en allant avec les dames.

Je t'assure que moi, je n'étais pas pressée.

LA JULIENNE.

C'est bien, mademoiselle, c'est bien : nous causerons de ça la semaine prochaine. M. Bavolet, on va être à vous dans la minute. (La noce rentre dans le cabaret.)

LA COCARDIÈRE, qui se promène avec agitation.

Qu'est-ce qu'il a à me dire? Oh! cette petite Rose Michon, c'est un morceau de roi, et ce gamin-là!... Oh! le droit du seigneur! Quel rêve! et quel triomphe ce serait... M. de Richelieu en crèverait de jalousie... Mais le moyen de... Comment faire? Oh! ce serait immense.

SCÈNE VIII

BAVOLET, POIROT, LA COCARDIÈRE.

BAVOLET.

Allons! ne perdons pas de temps; c'est le moment. Parrain, il faut me rendre un grand service.

LA COCARDIÈRE.

Tout ce que tu voudras, et encore davantage.

BAVOLET.

Si je vous demande ça, mon parrain, c'est que vous êtes toute ma famille, que c'est à vous que je dois d'avoir épousé Rose, c'est vous qui nous avez donn' de quoi acheter la moitié du fonds et qui demain devez nous donner de quoi payer l'autre.

LA COCARDIÈRE.

Mon ami, les bonnes actions portent en elles-même leur récompense... Vous êtes heureux? Ça me suffit!... Qu'as-tu encore à me demander.

BAVOLET.

Un dernier service... Il s'agit de conduire ma femme chez moi.

LA COCARDIÈRE.

Hein? de conduire ta femme...

POIROT.

C'est l'office des grands-parents de conduire.

BAVOLET.

Oui, et en route, pendant que suivant l'usage, je m'en irai à pied de mon côté... avec Poirot.

POIROT.

Tous les deux?

LA COCARDIÈRE.

Eh bien?

BAVOLET.

Eh bien... de lui dire adroitement ce que sa mère, si elle vivait, lui aurait dit.

LA COCARDIÈRE.

Moi?...

BAVOLET.

Oui... vous.

LA COCARDIÈRE, stupéfait.

Allons, puisque tu le veux, pour ce soir je lui servirai de mère. (A part.) C'est immense.

BAVOLET.

Seulement, voilà, je voudrais pas que vous la meniez directement à la maison! parce que c'est une surprise.

POIROT.

C'est une surprise?

LA COCARDIÈRE.

Une surprise? (A part.) Oh oui!

BAVOLET.

Oui, à l'heure qu'il est, ma femme ne sait pas où nous demeurons. Elle se perdrait dans les rues qu'elle ne pourrait pas donner son adresse.

POIROT.

Ça, c'est une bonne farce par exemple.

LA COCARDIÈRE.

Ah bah! Elle ne...

BAVOLET.

Le mystère est bien simple; pour des raisons à moi, je ne voulais pas qu'elle habite sa petite chambre de demoiselle qui est au-dessus du magasin. Elle le voulait, mais elle est si bonne... qu'elle m'a cédé... Alors comme j'ai bien vu que ça la contrariait... sans rien dire, depuis un mois, j'ai loué la petite chambre d'à côté. J'ai fait percer la cloison sans qu'elle s'en aperçoive... J'ai fait mettre, par exemple, des gros rideaux bien épais à toutes les fenêtres... et c'est là que nous allons demeurer toute la vie, s'il plaît à Dieu.

POIROT.

Il est gentil, ce petit...

LA COCARDIÈRE, à part.

pristi, sapristi !

BAVOLET.

Vous voyez d'ici sa surprise, quand elle va retrouver sa petite chambrette toute pimpante... et c'est cette surprise-là, parrain, que je veux que vous lui ménagiez vous-même.

LA COCARDIÈRE.

Avec plaisir, mais comment? (A part.) J'en ai chaud.

BAVOLET.

Vous allez la faire monter dans votre carrosse, lui faire faire le tour des boulevards ou des quais, comme vous voudrez... bien la dérouter enfin, et puis, quand elle se croira très-loin de la rue Tiquetonne vous l'amènerez, et...

LA COCARDIÈRE.

Et...

BAVOLET.

Ah! par exemple, je me charge du reste.

LA COCARDIÈRE, à part.

Mais c'est Satan lui-même qui travaille pour moi, comme le premier de mes commis!

BAVOLET.

C'est dit, parrain.

LA COCARDIÈRE.

Puisque tu le veux, il le faut bien. Je n'ai rien à te refuser.

BAVOLET.

Bon parrain!

POIROT.

Pour un bon parrain, c'est un bon parrain.

LA COCARDIÈRE.

Je la promène deux heures.

BAVOLET.

Deux heures... oh, parrain, une petite heure au plus... pensez donc, j'attendrai là-bas tout seul, moi, avec Poirot; bien gentil Poirot...mais c'est pas la même chose.

POIROT.

C'est pas la même chose.

LA COCARDIÈRE.

C'est juste. Oh moi, quand les choses sont justes... Eh bien soit, une petite heure (*A part.*) C'est un peu court! (*Haut.*) Et après je te l'amène rue Tiquetonne, toute éduquée.

BAVOLET.

C'est ça !...

LA COCARDIÈRE, *à part.*

Allons, il n'y a pas à dire! il y a un dieu pour les La Cocardière.

SCÈNE IX

LES MÊMES, ROSE, LA JULIENNE, LA NOCE. (*On est habillé pour le départ.*)

FINAL.

CHŒUR.

Voici le couvre-feu !
Ainsi finit la fête,
La mariée est prête,
Il faut lui dire adieu.
Voici le couvre-feu!

POIROT.

Le couvre-feu ! couple charmant!
C'est précisément
Au moment
Où s'éteignent les feux des autres
Que vont s'allumer les vôtres.

CHŒUR.

Voici le couvre-feu!
Etc.

ROSE à Bavolet.

Daignerez-vous enfin me dire
Dans quel mystérieux logis
Nous devons être réunis
Et qui doit m'y conduire?

BAVOLET.

I.

Un peu de patience, ma chère,
Et pour voir s'éclaircir soudain
Le mot de ce profond mystère
Prenez la main
De mon parrain!

CHŒUR.

Prenez la main,
Etc.

BAVOLET.

II.

Les grands-parents r'conduis' la fille.
Moi, je m'en chercherais en vain,
Je n' me connais pas de famille.
Prenez la main
De mon parrain!

CHŒUR.

Prenez la main,
Etc.

LA COCARDIÈRE.

Cette mission, je m'en flatte
Demande une âme délicate.
J'ai le cœur noble et généreux
Et vous ne pouviez tomber mieux.

ROSE, à La Cocardière.

Allons, partons ensemble,
Puisque l'usag' le veut ainsi,
Emmenez-moi chez mon mari!

CHŒUR.

Emmenez-la chez son mari.

LA COCARDIÈRE, très-ému, lui donnant la main. — A part.

Est-ce sa main ou la mienne qui tremble ?

POIROT, les arrêtant.

Une dernière ronde en l'honneur des époux !
Allons ! Trémoussons-nous !
(Tout le monde se remet en danse.)
Chantons, dansons encore
Tant que nous serons là;
Les traînards, à l'aurore,
On les ramassera.

CHŒUR.

Chantons, dansons encore...
Etc.

POIROT.

Quand les gens de la noce
Rentrent dans leurs foyers,
Les uns vont en carrosse
Et les autres à pieds !

CHŒUR.

Quand les gens de la noce...
Etc.

ROSE.

N'y a qu'une chose à craindre
Si nous dansons par trop longtemps.

BAVOLET.

C'est qu'les femmes vont s'en plaindre
Et qu' les maris n' s'ront pas contents.

LA JULIENNE.

Allons ! trémoussons-nous !
Quand nous serons rentrez chez nous,
Nous n' rirons plus comme des fous !

CHŒUR.

Quand les gens de la noce
Rentrent dans leurs foyers,

Les uns vont en carrosse
Et les autres à pieds.

(La ronde se termsne par un groupe.)

POIROT.

Allons, que tout l' mond' se prépare,
Allons chercher la fanfare !

(Tout le monde remonte pour préparer le défilé en tête duquel doivent être les musiciens. Pendant ce temps paraissent à droite Clorinde. Arthémise et Madelon qui ont observé le mouvement, cachées dans un bosquet. Elles descendent.)

CLORINDE.

Fort bien! monsieur La Cocardière!
Voilà donc le mot du mystère
Beau séducteur je comprends tout.
Ah! vous courez les amourettes!
Il vous faut de jeunes fillettes!
Vous n'êtes pas encore au bout.

LES TROIS FEMMES, riant.

Ah! ah! ah!
Vous n'êtes pas encore au bout!

(Toute la noce redescend, musique en tête. — Chacun tient à la main une lanterne de couleur. Et le défilé figure une retraite aux flambeaux.)

CHŒUR.

Ran! ran! ran!
Ran! tan! plan!
Que la journée
Soit terminée
Par la retraite aux flambeaux.
Les flambeaux de l'hyménée,
Ce sont les plus beaux
Flambeaux.
Ran! ran! ran!
Ran! tan! plan!

(La Cocardière emmène par le fond Rose Michon, à qui Bavolet, entouré de Poirot et de ses amis, envoie des baisers. Les trois femmes cachées sous la tonnelle de droite se montrent le tableau en riant. — Le rideau baisse.)

FIN DU PREMIER ACTE.

ACTE DEUXIÈME

Un salon chez La Cocardière. — Table dressée au milieu, cheminée à droite, porte au fond et portes latérales ; une croisée au deuxième plan à gauche. — A droite et à gauche, au premier plan, deux glaces sans tain laissant voir au public l'intérieur des deux chambres voisines.

SCÈNE PREMIÈRE.

GERMAIN, JUSTINE, LISE, FEMMES DE CHAMBRE ET DOMESTIQUES.

Au lever du rideau, ils sont tous en train de mettre le couvert.

CHŒUR.

La bonne aubaine que voilà !
Pressons-nous, les heures s'avancent.
C'est quand le chat n'est pas là,
Que les souris dansent.

AIR.

GERMAIN.

Pardieu ! c'est une aimable charge
Que de servir un grand seigneur !
La vie, à ses côtés, est large,
Et le profit en vaut l'honneur.
Chacun de nous sait, et de reste,
Y prendre ses joyeux ébats.

Valet de chambre, on met sa veste,
Cuisinier, on mange ses plats.
Pardieu ! c'est une aimable charge.
Que de servir un grand seigneur!
Etc., etc.

Quand notre bon maître,
S'absente, la nuit,
C'est pour nous permettre
De veiller pour lui !
Comptons sa vaisselle,
Et ses plats d'argent,
Mettons avec zèle
Le petit dans le grand.
Visitons sa cave,
Dégustons son vin,
Voyons si le grave,
Vaut le Chambertin.
Les vins qu'il préfère,
Nous les sablerons,
Ce qui peut lui plaire,
Nous le choisirons.
Suivant son modèle,
A Louise ou Marton,
Serviteur fidèle,
Prenons le menton,
C'est un devoir même
De prouver ainsi
Que tout ce qu'il aime,
Nous l'aimons aussi.
Pardieu ! c'est une aimable charge...
Etc., etc.

(parlé.) A table !

TOUS.

A table ! A table!

(Au moment où ils se mettent à table, on entend un bruit de voitures Tout le monde se lève.)

GERMAIN, courant à la fenêtre.

Qu'est-ce que c'est que ça? Ciel! monsieur La Cocardière. Justine ! Justine ! cours à sa rencontre! (Justine sort.) C'est lui! et il n'est pas seul! quelle tuile! Enlevez oncd tout cela ! (Deux hommes enlèvent la table.) Avec qui donc est-il?

LISE.

On dirait une dame.

JUSTINE, rentrant.

Alerte !

GERMAIN.

Qu'y a-t-il donc?

JUSTINE.

Sauvez-vous tous! En voici bien d'une autre!

GERMAIN.

Qu'est-ce qu'il nous veut?

JUSTINE.

Vous le saurez tout à l'heure! Mais, vite, disparaissez, où il nous chasserait tous...

GERMAIN.

Diable ! filons...

Les domestiques et les femmes de chambres disparaissent à droite et à gauche.

LA COCARDIÈRE, du dehors.

Par ici, mon enfant, par ici !

JUSTINE, à Lise, en sortant.

Il était temps. Viens, je t'expliquerai...

SCENE II.

LA COCARDIERE, ROSE.

LA COCARDIÈRE.

Entrez... Rose... entrez! Vous voilà chez vous.

ROSE.

Comment, je suis ici chez moi ?

LA COCARDIÈRE.

Entièrement !

ROSE.

Ah ! mon Dieu, que c'est beau !

LA COCARDIÈRE.

Vous trouvez ?

ROSE, regardant autour d'elle.

Comment, c'est Bavolet qui a fait faire tout cela ?

LA COCARDIÈRE.

Bavolet lui-même.

ROSE.

Mais, c'est de la folie !... Il nous a ruinés, le petit malheureux... Un mobilier pareil ! Je parie que ça doit coûter dans les cinq cents livres passées...

LA COCARDIÈRE.

Cinq cent cinquante !

ROSE, à la cheminée.

Oh ! les belles choses ! (Avisant le médaillon qui est accroché au coin de la cheminée.) Qu'est-ce que c'est que ça ? Toutes ces dames de l'Opéra, mes clientes.

LA COCARDIÈRE.

Oui, oui... nos clientes... vos clientes ; c'est une gracieuseté de Bavolet.

ROSE.

C'est qu'elles y sont toutes : Clorinde, Arthémise, Madelon et jusqu'à la nouvelle : mademoiselle Bruscambille, celle à qui je ressemble tant, il paraît ! (Regardant le portrait.) C'est que c'est vrai, pourtant... Seulement, je ne suis pas si jolie.

LA COCARDIÈRE.

Mille fois plus!

ROSE.

Allons! je vois ce que c'est, parrain... vous avez encore donné de l'argent pour tout ça...

LA COCARDIÈRE.

J'ai aidé, c'est vrai... je suis de l'avis de Bavolet : aux fleurs rares, il faut des serres dorées...

ROSE.

Oh ! parrain !

LA COCARDIÈRE, *à part.*

Un grain de poésie ne gâte rien.

ROSE.

Et il y a encore une pièce par là ?

LA COCARDIÈRE, *montrant successivement les pièces.*

La chambre à coucher, et puis encore une là... et puis là...

ROSE, *baissant les yeux.*

Ah !... Et c'est la sans doute que Bavolet m'attend ?

LA COCARDIÈRE.

Oui ; c'est-à-dire, non, pas encore ! Il n'est pas encore arrivé.

ROSE.

C'est vrai, au fait, nous avons été si vite pour venir : tout le temps au grand galop !...

LA COCARDIÈRE, *à part.*

Dame !... un homme qui n'a qu'une heure !... Si Richelieu me voyait !... *(Haut.)* C'est que, voyez-vous, Rose, j'ai une mission à remplir auprès de vous,

ROSE.

Une commission ?

LA COCARDIÈRE.

Une commission... si vous voulez... J'ai à vous donner quelques instructions touchant la fin de ce beau jour.

ROSE.

Ah!... Je vous écoute, mon parrain.

LA COCARDIÈRE la fait asseoir solennellement, et s'asseoit à côté d'elle.

Le mariage, mon enfant, est comme une montagne escarpée, et même... escarpée, je dis bien... Au fur et à mesure qu'on la gravit, on aperçoit des horizons nouveaux... A l'heure où j'écris ces lignes, vous êtes à deux doigts du sommet où je suis chargé de vous conduire. — Hum! — Tout à l'heure, Rose, votre époux va venir, peut-être commencera-t-il pour vous demander un baiser comme ceci. (Il l'embrasse. — A part.) Si Richelieu me voyait, il crèverait de jalousie! (Haut.) C'est bien, vous n'avez pas résisté, c'est justement ce que je voulais vous apprendre. Ce soir, voyez-vous, vous ne devez vous étonner de rien... Confiance et soumission... voila votre devise... Votre époux vous dirait qu'il va vous couper en petits, petits morceaux; qu'il faudrait aller à la cuisine repasser vous-même le couteau...

ROSE.

A la cuisine?

LA COCARDIÈRE.

C'est une image! Peut-être vous redemandera-t-il un second baiser, comme ceci...

(Il va pour l'embrasser.)

ROSE, l'arrêtant.

Je comprends sans les gestes, parrain.

LA COCARDIÈRE.

Puis... et ce sera comme par accident: tout d'un coup la bougie s'éteindra... et (il essaie de souffler les bougies qui sont sur la cheminée.)

ROSE, (l'arrêtant).

Inutile, parrain! Je sais très-bien comment on est quand on est sans lumière.

LA COCARLIÈRE.

Et alors...

ROSE.

Et alors, ça ne regarde plus personne.

LA COCARIÈRE, à part,

Tiens ! la fûtée ! (Haut.) C'est ça... Seulement, je vous le répète... ne vous étonnez de rien !... Quelquefois, vous savez, dans l'obscurité, les personnes prenent des aspects un peu fantastiques !... Ne vous étonnez de rien.

ROSE.

Eh bien, c'est dit, parrain... Merci de vos bons conseils... Maintenant, je sais tout ce que j'ai à faire... et si vous voulez bien me laisser seule...

LA COCARDIÈRE.

Seule, non... Vous comprenez. ayant un appartement pareil... Bavolet a voulu se marier comme dans le grand monde, et...

ROSE.

Et?...

LA COCARDIÈRE,

Et...

ROSE.

Mais dites donc, parrain. Vous avez l'air tout drôle, ce soir.

LA COCARDIÈRE.

Et on va vous remettre entre les mains de femmes de chambre...

ROSE.

Des femmes de chambre!... Mais il a perdu la raison.

LA COCARDIÈRE.

Des femmes de chambre de louage, des femmes de chambre pour ce soir soulement... (Il sonne.) Je les entends... Adieu ! je vous laisse !... Rappelez-vous mes recommandations : ne vous étonnez de rien... Adieu !... (A part, en sortant). C'est immense !

SCÈNE III

ROSE, JUSTINE, LISE, FEMMES DE CHAMBRE.

ENSEMBLE.

Salut, madame la marié !
Nous sommes,là pour vous servir.
Quand vous serez déshabillée
Nous nous hâterons de sortir
Afin de vous laisser dormir!

ROSE.

Des femm' de chambr' quell' drol' d'affaire !
Des femm' de chambre pour m'déshabiller!
Il n' m'en faut pas tant, d'ordinaire,
J'suis sûr' qu'ell' vont me chatouiller.
Et dam ! et dam !
Je suis chatouilleuse, c'est pas ma faute!
Quand on me chatouill' je fais un bond,
Faut pas m'chatouiller, ou bien je saute
C'est plus fort que moi, j'saute au plafond.

I.

Sapristi ! Ce p'tit Bavolet
A perdu la tête, je pense.
Faire une semblable dépense,
Lorsqu'à lui seul il suffisait !
Sapristi ! Ce p'tit Bavolet !

JUSTINE.

Commencez par ôter ces voiles
Qui fatiguent vos blonds cheveux.

LISE.

Et rendez l'éclat aux étoiles,
Dont le ciel a fait vos beaux yeux !

LES FEMMES DE CHAMBRE

Tenez-vous donc! tenez-vous donc !

ROSE, *s'échappant de leurs mains.*

Vous m' chatouillez, c'est pas ma faute!
Vous m' chatouillez, finissez donc !
Vous m' chatouillez, ma foi, je saute,
C'est plus fort que moi j'saute au plafond.

II

Oh ! la ! la ! je m'demand' comment
Cela peut plaire aux grandes dames;
S' fair' décoiffer par trente-six femmes,
Quand ça peu s'fair' si simplement !
Sapristi ! Je les plains vraiment !

JUSTINE.

Et maintenant, quittez la robe,
La guimpe et le corset jaloux...

LISE.

Il ne faut plus que rien dérobe
Tant de beautés à votre époux.

LES FEMMES DE CHAMBRE.

Tenez-vous donc ! Tenez-vous donc !

ROSE.

Vous m' chaouillez. c'est pas ma faute !
Vous m' chatouillez finissec donc!
Vous m' chatouillez, ma foi, je saute,
C'est plns fort que moi, j' saute au plafond
Ah! ah ! ah! ah !
(*On lui passe un peignoir.*)

LES FEMMES, *se rbtirant.*

Bonsoir, madame la mariée,
Nous étions là pour vous servir.
Mais vous voilà déshabillée
Et nous nous hâtons de sortir
Afin de vous laissez dormir.
(*On frappe de nouveau à la porte du fond.*)

ROSE.

C'est lui!

LES FEMMES.

Bonne nuit!

(Elles sortent par la droite.)

SCÈNE IV

ROSE puis LACOCARDIÈRE.

(On frappe de nouveau à la porte du fond.)

ROSE seule,

Bavolet s'impatiente!... Oh! mais, est-ce drôle! Je ne me figurais pas tout ça comme ça... ça me fait tic, toc! tic toc!...

LA COCARDIÈRE (au dehors, changeant sa voix)

Rose, c'est moi, ton petit Bavolet... Eteins la lumière...

ROSE.

Eteindre... et pourquoi donc, monsieur?

LA COCARDIÈRE.

C'est l'usage... les horizons nouveaux!... Est-ce que mon parrain ne t'a pas dit?

ROSE.

Si, monsieur mais.,, Au fait il a raison... ça m'empêchera peut-être d'avoir peur... Puisque vous l'avez voulu, monsieur. (Elle souffle les bougies...) entrez!

LA COCARDIÈRE (entrant), à part.

Non! ce que je fais est d'une force!... Ah! c'est là que si Richelieu me voyait!..... dans l'obscurité, il est impossible qu'elle ne me prenne pas pour Bavolet... (Appelant en adoucissant sa voix.) Rose! Rose! où donc es-tu?

ROSE.

Par ici, monsieur !

LA COCARDIÈRE.

Dis moi, Rose, tu te souviens bien de ce que t'a dit mon parrain ?

ROSE.

Oui, Bavolet, on s'en souvient..

LA COCARDIÈRE.

De tout?

ROSE

De tout !

LA COCARDIÈRE.

Alors, tu ne dois l'étonner de rien?

ROSE.

De rien, c'est convenu.

DUO.

LA COCARDIÈRE.

Puisque plus rien ne t'embarrasse,
Rose, donne-moi, s'il te plait,
Tes petits doigts, qu'on les embrasse!

ROSE, *avec abandon.*

V'là mes deux mains au grand complet.
(*Avec un étonnement subit.*)
Ah ! mon Dieu ! la drôle de chose !

LA COCARDIÈRE.

Quoi ?

ROSE.

Les grands doigts ! les grosses mains !

LA COCARDIÈRE.

(*Parlé*) Fichtre !
Si j'ai de grands doigts, belle Rose,
Ah ! c'est pour mieux serrer les tiens.

ROSE.

Quoi ! c'est pour mieux serrer les miens !

LA COCARDIÈRE.

Oui ! c'est pour mieux serrer les tiens !

(A part, tenant la main de Rose.)

Elle est calmée, et rien ne bouge !
Non ! — Elle n'a plus peur du tout.

ROSE, se levant, à part.

C'est drol', voilà l'histoir' du petit chap'ron rouge,
Qui vient d' me r'venir tout à coup !

LA COCARDIÈRE, tombant à genoux devant le canapé.

Rose ! voici l'instant suprême !

ROSE.

Ah ! qu' vous avez un' grosse voix !

LA COCARDIÈRE.

C'est pour mieux te dire : Je t'aime !

ROSE.

Vous l' disiez très-bien autrefois !
(Elle lui passe la main à tâtons sur le visage.)
Ah ! qu' vous avez de grand's oreilles !

LA COCARDIÈRE.

C'est pour mieux t'écouter, vraiment !
(Il lui baisse les mains.)

ROSE, retirant sa main.

Mais pourquoi donc des dents pareilles ?

LA COCARDIÈRE, se levant violemment.

Pour mieux te manger, mon enfant !

ROSE.

Pour mieux me manger ! Un instant !

LA COCARDIÈRE.

Pour mieux te manger, mon enfant !

(Elle s'échappe des bras de La Cocardière.)

LA COCARDIÈRE, à part.

J'ai été un peu loin.

ROSE.

Non, Bavolet n'a pas la voix enrouée comme cela

LA COCARDIÈRE, à part.

J'ai la voix enrouée ?... J'ai la voix d'un roué, oui! (Haut.) J'ai pris un rhume en t'attendant à la porte.

ROSE.

De la lumière, à l'instant !

LA COCARDIÈRE, à part.

Ventre-Mahon ! je suis pris ! (Haut.) Rose, avec de la lumière, comment veux-tu suivre aveuglément les instructions de mon parrain ?

ROSE.

Ah ! on ne veut pas!... Eh bien, je rallumerai moi-même...

LA COCARDIÈRE.

Arrête !... (On entend une sonnette dans la coulisse.) Qu'est-ce que c'est que ça ?

SCÈNE V.

LES MÊMES, GERMAIN.

GERMAIN, entrant par le fond, à voix basse.

Monsieur, êtes-vous là ?

LA COCARDIÈRE, à part.

C'est la voix de Germain... (Il s'approche.) Que me veux-tu?

GERMAIN.

Monsieur... c'est madame Clorinde et ses amies de l'Opéra...

ROSE, à part.

Clorinde !

LA COCARDIÈRE, à part.

Clorinde ! Non d'un petit bonhomme ! il ne manquerait plus que ça ! (A Rose.) Vite, Rose, entrez là !

ROSE.

Expliquez-moi !

LA COCARDIÈRE.

Tout, je t'expliquerai tout !... Je ne suis pas Bavolet !

ROSE, croisant les mains sur sa poitrine et se sauvant dans la chambre en jetant un cri.

Ah !

GERMAIN, à part.

Ah ! tu nous as dérangés ! a ton tour !

LA COCARDIÈRE.

De la lumière !

GERMAIN.

Oui, monsieur. (Il fait signe a un domestique qui apporte un candélabre.

LA COCARDIÈRE.

Clorinde et ses amies !... Elles viennent pour me surprendre. Je suis un homme mort... Vite, Germain, la petite qui est là, qu'elle file, qu'elle file ! l'heure est archi passée !

GERMAIN.

Oui, monsieur. (Il sort. — La Cocardière prend une brochure sur la cheminée et s'assied.)

SCÈNE VI

LA COCARDIÈRE, CLORINDE, ARTHÉMISE, MADELON, elles ont toutes trois un bouquet.

LES TROIS FEMMES.

Vive la saint Chrysostome!

LA COCARDIÈRE, à part.

C'était ma fête!

CLORINDE, une couronne à la main.

I

Cher et noble La Cocardière,
Nous vous offrons, et de bon cœur,
Cette couronne printanière,
Emblème de votre candeur.
Que pourrait on, pour votre fête,
Vous souhaiter, roi des traitants?
Ma foi, mon cher, je vous souhaite,
De me conserver bien longtemps!

II

Sur les anciens et leur idiome,
A l'Opéra l'on n'est pas fort!
On sait pourtant que Chrysostome
Signifie en grec : Bouche d'or...
Et si l'amour à vous s'adresse,
C'est qu'en déposant un bécot
Sur cette bouche enchanteresse,
Il peut y cueillir un lingot!

LA COCARDIÈRE.

Comment! c'était ma fête! Je l'avais oubliée! Je lisais là, je m'ennuyais... Mesdames, je suis vraiment confus, touché...

CLORINDE.

Vous voyez, monsieur La Cocardière, qu'on a de la mémoire et qu'on pense à vous... Je suis sûre que notre surprise vous enchante ?

ARTHÉMISE ET MADELON.

N'est-ce pas qu'elle vous enchante ?

LA COCARDIÈRE.

Comment ! mais elle me ravit... Voulez-vous voir un La Cocardière ravi ?... Voilà un Lacocardière ravi. (A part.) Pourvu que la petite soit partie !

Et Germain qui ne revient pas me dire... (Le voyant entrer.) Ah ! enfin !

GERMAIN, bas.

Monsieur, impossible de l'emmener... Lise a mis la robe de la mariée dans la chambre bleue et il faut absolument passer par ici pour...

LA COCARDIÈRE, furieux.

Donnez-lui-en une autre.

GERMAIN.

Une autre ?... Une des rôbes de feu madame Lacocardière, alors ?

LA COCARDIÈRE.

Tout ce que tu voudras, mais qu'elle file ! Ouf... Ah ! quelle tuile ! (Germain remonte et donne tout bas un ordre à une femme qui est entrée avec lui et attend sur le seuil de la porte.)

CLORINDE.

La Cocardière ?

LA COCARDIÈRE, bas à Germain en passant à Clorinde.

Reste !

CLORINDE.

Que dites-vous à Germain ?

LA COCARDIÈRE.

Moi, moi ? Rien !... (à part.) Une heure trois quarts... le mari doit être dans un état de rage.

CLORINDE.

J'espère que vous lui parlez du souper ?

ARTHÉMISE ET MADELON.

Ah ! oui, le souper ?

LA COCARDIÈRE.

Quel souper ?

CLORINDE.

Mais le souper... que vous allez nous offrir pour votre fête.

ARTHÉMISE ET MADELON.

Mais oui, pour votre fête !

LA COCARDIÈRE.

Ah ! vous voulez souper ?... C'est que, à cette heure, peut-être.., il serait bien difficile... N'est-ce pas, Germain ?

GERMAIN.

Difficile, oui, monsieur... Mais impossible, rien ne doit l'être pour le service de M. La Cocardière. (à part.) Le nôtre est là.

LA COCARDIÈRE, bas à Germain.

Que la peste t'étouffe !

GERMAIN, à part.

Et que notre souper t'étrangle ! (Il salue et remonte.)

CLORINDE.

Germain, vous dresserez la table ici.

GERMAIN.

Avec plaisir, madame. (Il sort.)

LA COCARDIÈRE.

Ici... pourquoi ici ?

CLORINDE.

Mais parce que ce petit salon est plus intime... Aujourd'hui, je veux que nous soyons comme des amoureux dans un nid... comme des amoureux dans un petit nid.

LA COCARDIÈRE.

Dans un petit nid... à quatre ?

ARTHÉMISE.

Vous avez l'air tout chose, mon cher.

MADELON.

Ce n'est pas nous qui vous gênons, n'est-ce pas ?

LA COCARDIÈRE.

Vous? Oh! par exemple! (A part.) Heureusement qu'elle doit être partie. (Germain rentre.) Ah! (Il va à lui.)

GERMAIN, bas.

Monsieur, en voilà bien d'une autre! Impossible de faire aller la clef sur la petite porte!

LA COCARDIÈRE, bas.

Mort de ma vie! Prends le grand escalier!

GERMAIN.

Pas moyen... pour prendre le grand escalier, il faut encore passer par ici.

LA COCARDIÈRE.

Enfoncez la petite porte!

GERMAIN.

Nous y avons bien pensé, mais le bruit.

LA COCARDIÈRE.

Mais qu'est-ce qu'elle a cette clef?

GERMAIN.

Elle ne va pas.

LA COCARDIÈRE, essayant la clef comme si elle était dans une serrure.

Mais elle marche très-bien.

GERMAIN.

Elle doit être bouchée...

ARTHÉMISE, bas à Clorinde.

Il paraît qu'il y a une clef qui ne va pas.

LA COCARDIÈRE, essayant de déboucher la clef.

Vous aurez mis un pain de quatre livres dedans...

CLORINDE.

Eh bien, La Cocardière, quand vous aurez fini vos conciliabules avec Germain...

LA CODARDIÈRE.

J'ai fini, bichette. Nous étions tous les deux sur le homard. (A Germain en lui rendant la clef.) Tiens, essaye encore, ça doit aller maintenant, et que le fiacre brûle le pavé. Deux heures, le mari doit grincer les dents. (Germain sort. Bruit dans la coulisse.) Quel est ce bruit?

UN LAQUAIS, entrant.

Il y a là deux hommes qui veulent absolument parler à M. La Cocardière.

LES TROIS FEMMES.

Deux hommes?

LA COCARDIÈRE.

Deux hommes, à cette heure-ci!... Qu'est-ce que ça veut dire?... Encore une surprise pour ma fête... pour ma jolie fête!

BAVOLET, à la porte.

Parrain! parrain!

SCÈNE VII.

LES MÊMES, BAVOLET, POIROT.

LA COCARDIÈRE, *à part.*

Bavolet! ça se gâte!

FLORINDE, *à part.*

Le petit mari!

COUPLETS.

BAVOLET, *hors de lui.*

Mon parrain! ah! mon parrain!
Qu'avez-vous fait de ma femme?

POIROT.

Qu'avez-vous fait de sa femme?

BAVOLET.

Je l'ai mise en votre main;
Voyez! j'ai la mort dans l'âme!..
Mon parrain! ah! mon parrain!
Qu'avez-vous fait de ma femme?

POIROT.

Qu'avez-vous fait de sa femme?

BAVOLET.

I.

Le cœur tout plein d'espérance,
Je quittais le cabaret.

POIROT.

Nous quittions le cabaret!

BAVOLET.

Pensant à l'impatience
De madame Bavolet!

POIROT.

De madame Bavolet !

BAVOLET.

J'ai trouvé la porte close !
Ma femm' n'avait pas paru !

POIROT.

Sa femm' n'avait pas paru !

BAVOLET.

Et j'ai crié : Rose ! Rose !
Personne n'a répondu !

POIROT.

Personne n'a répondu.

BAVOLET.

Mon parrain ! ah ! mon parrain !
Qu'avez-vous donc fait de ma femme ?
Etc., etc.

LA COCARDIÈRE, en passant, à Clorinde.

Sa femme ? je ne sais pas ce qu'il veut dire...

II.

BAVOLET.

J'en ai la tête perdue !
Depuis ce moment je cours !

POIROT.

Depuis ce moment, il court !

BAVOLET.

Aux attardés dans la rue,
Je réclame mes amours !

POIROT.

Il réclame ses amours !

BAVOLET.

Et criant mon infortune,
Me sentant d'venir idiot!

POIROT.

Se sentant d'venir idiot!

BAVOLET.

Je marche au clair de la lune,
Avec mon ami Poirot!

POIROT.

Avec son ami Poirot!

BAVOLET.

Mon parrain! ah! mon parrain!
Qu'avez-vous donc fait d' ma femme?
Etc., etc.

BAVOLET.

Mon parrain, qu'avez-vous fait de ma femme?

P[illegible]R

Oùsque vous l'avez mise, voilà la question?

CLORINDE.

Mais, répondez donc, monsieur, qu'avez-vous fait de sa femme?

ARTHÉMISE et MADELON.

Oui, qu'avez-vous fait de sa femme?

LA COCARDIÈRE.

Mais rien, je ne sais pas ce qu'il veut dire... Elle est chez lui, elle est chez toi... (Criant.) Rue Tiquetonne, 36, au coin du Chat-qui-Pelotte.

BAVOLET.

Allons donc, vous vous moquez!... Ah! Poirot, est-ce que tes soupçons...

LA COCARDIÈRE.

Quels soupçons?

BAVOLET.

Rien!

LA COCARDIÈRE, *à part, pendant que Bavolet remonte.*

J'en ai chaud!

BAVOLET, *revenant, d'une voix calme d'abord, mais que la colère envahit peu à peu.*

Écoutez... vous voyez comme je suis calme...

LA COCARDIÈRE.

Nous sommes tous très-calmes.

BAVOLET.

J'aime mieux que vous me disiez tout... Voyons, ma femme a été malade en route, n'est-ce pas? Il lui est arrivé un accident, hein? Elle est morte? Oui, j'aime mieux que vous me disiez cela que n'importe quelle autre chose... parce que l'idée que, cette nuit même, elle aurait pu être ici avec ces femmes... (*Mouvement des femmes.*) Que vous et elle m'auriez indignement trompé... Ah! cette idée-là, mon parrain, cette idée-là me rend fou!

LA COCARDIÈRE.

Bavolet!

MADELON.

Jeune homme...

ARTHÉMISE.

Vous n'êtes pas aimable pour nous.

CLORINDE.

Mais c'est égal. Monsieur La Cocardière, si vous avez désespéré ce pauvre garçon... c'est mal.

ARTHÉMISE et MADELON.

C'est très-mal!

LA COCARDIÈRE.

Mais ce garçon ne sait pas ce qu'il dit... Il se sera trompé de rue... il aura trop bu à sa noce...

POIROT.

Trop bu? Ah! permettez!... C'est moi qui le conduisais... et je ne suppose pas qu'un suisse il puisse s'éprendre de boisson.

BAVOLET.

Ah! certes, j'aurais défoncé toutes les futailles de maître Ramponneau... que j'aurais le cerveau moins troublé!

LA COCARDIÈRE.

Je vous disais bien... il a le cerveau... et j'ajoute, sur l'honneur, qu'à l'heure présente, sa femme doit être chez lui!... Il sera parti avant notre arrivée... (Bruit de marteau au dehors.)

BAVOLET.

Quel est ce bruit?

POIROT.

On dirait qu'on essaye d'enfoncer une porte?

LA COCARDIÈRE, à part.

Les imbéciles! ils n'auront pas pu ouvrir! (Haut.) Ne faites pas attention, je sais ce que c'est, c'est...

CLORINDE.

C'est sans doute Germain qui...

BAVOLET, remontant vers la porte.

Ah! c'est Germain qui...

LA COCARDIÈRE, barrant la porte.

Arrête!

BAVOLET.

Je veux passer!

LA COCARDIÈRE.

Bavolet, je te défends d'entrer là.

POIROT.

Pourquoi?... Pourquoi que vous lui défendez?...

LA COCARDIÈRE.

Mais... parce qu'il y a du monde... et qu'il n'en faut quelquefois pas plus pour... déranger.

BAVOLET.

Parce que... parce qu'il y a là une femme, n'est-ce pas? Eh bien, moi, je veux savoir si cette femme n'est pas la mienne, si cette femme n'est pas la traîtresse qui m'a abandonné... qui m'a déshonoré la première nuit de mes noces!... (Il va pour se précipiter, la porte s'ouvre. — Rose, en grande toilette, paraît sur le seuil.) C'est elle!

SCÈNE VIII.

LES MÊMES, ROSE, en poudre, en toilette éclatante.

ROSE, imitant l'accent toulousain.

Té!... quel tapage on fait ici! Bonjour, la compagnie! vous ne m'attendiez pas, je présume? Je m'annonce moi-même : Bruscambille, Dorothée Bruscambille, née native de Toulouse, et, pour le quart d'heure, future pensionnaire du Grand Opéra de Paris. — Adieu, Clorinde! (Bas.) Aidez-moi, madame, vous l'avez entendu, il en mourrait!

CLORINDE, après un moment d'hésitation.

Comment, Bruscambille, tu étais des nôtres et nous ne le savions pas?

LA COCARDIÈRE, troublé.

Oui, elle était des nôtres, et nous ne le savions pas!... (à part.) Que je suis donc fâché de m'être lancé dans cette aventure!

BAVOLET.

Rose! Rose!... cette comédie...

ROSE.

Que me veut ce pitchoun?... Quesaco? Monsieur de La Cocardière, présentez-moi donc à la société... Vous êtes tous là à me regarder comme une trombe!...

CLORINDE.

En effet, La Cocardière, présentez donc notre amie à ces messieurs... Pour nous, c'est inutile, nous la connaissons. Bonsoir, Bruscambille!

ARTHÉMISE et MADELON.

Bonsoir, Bruscambille!

ROSE bas.

Merci!

LA COCARDIÈRE.

Eh bien, oui!.. messieurs, je vous présente Mlle Bruscambille, danseuse à.., c'est-à-dire, future danseuse, à l'Opéra de...

BAVOLET.

Non, cela ne se peut pas!.. Une ressemblance pareille est impossible! Rose, c'est toi... c'est vous!

ROSE.

Rose! Pourquoi m'appelle-t-il Rose, ce pitchoun!.,. Je m'appelle Dorothée! Dorothée Bruscambille! Et vous, comment est-ce que vous vous appelez?

POIROT.

Bavolet, de son nom de famille, et moi Poirot, de la mienne!

BAVOLET bas à Poirot.

Poirot!... Qu'est-ce que ça veut dire?

POIROT.

C'est inexplicable!... Pour être la Bruscambille... c'est bien la Bruscambille! vu qu'hier matin... (à la Cocardière), tant pis si vous êtes jaloux.. (à Bavolet) elle est venue chez mon maître, à l'hotel Saint-Florentin!

LA COCARDIÈRE.

Oh! je ne suis pas jaloux, moi! je ne suis pas comme certains ingrats...

BAVOLET.

Mon parrain!..

ROSE.

Eh bien, M. Bavolet, voulez-vous que je vous dise?.. vous avez une petite frimousse qui n'est pas laide, je ne vous l'envoie pas dire, moi : d'abord à Toulouse, nous disons tout !

POIROT.

Et moi, je vous prie?

ROSE.

Oh ! vous, vous avez une bonne balle d'idiot ! Vous ne devez pas être ministre de votre état ! (Elle lui tape sur le ventre en riant)

POIROT.

Elle est gentille cette petite provinciale.

BAVOLET.

Alors je n'y comprends plus rien.

POIROT.

Mais moi, je comprends... je comprends qu'elle est très gentille, cette petite provinciale !... Et si elle n'était pas ambitieuse !...

ROSE.

Est-ce qu'il n'était pas question d'un souper?... Moi d'abord je ne suis venue que pour le souper.

CLORINDE.

Mais je l'espère bien.

ARTHÉMISE.

Mais il est prêt depuis longtemps !

MADELON.

Tout ça ne doit pas nous empêcher de souper.

ROSE.

Alors, à table ! (Des domestiques apportent la table qu'ils placent au milieu du théâtre).

BAVOLET à Rose.

Voyons, Rose... c'est pas toi?

ROSE.

Rose, encore!.. Mais puisque je vous dis : Dorothée, Do, do, r, o, ro, t, é, té, Dorothée!

BAVOLET à Poirot.

Oui, ça fait bien Dorothée.

POIROT.

Ça fait Bruscambille!

TOUS Excepté Bavolet et Poirot.

A table! à table!

MORCEAU D'ENSEMBLE.

ENSEMBLE.

Allons! le verre en main!
Autour de cette table,
Fêtons avec entrain,
Un grand seigneur aimable!

CLORINDE.

Monsieur Bavolet, je l'espère,
Va se mettre auprès de moi?

BAROLET.

Merci, madame... mais souper, je n'en ai guère
Envie, à cette heure...

CLORINDE.

Et pourquoi?

BAVOLET.

C'est qu'un autre souci me rappelle chez moi.

ARTHÉMISE.

Et vous, Monsieur Poirot?

POIROT piteusment et dévorant Rose du regard.

De l'amitié victime,

Je reprends avec lui mon voyage au long cours!

ROSE à Bavolet.

Quel diable de feu vous anime?
Une femme légitime,
Ça se retrouve toujours!

TOUS.

Une femme légitime,
Ça se retrouve toujours.

ROSE.

Les bons instants sont courts,
Souper, n'est pas un crime,
Oubliez vos amours,
Et suivez ma maxime !
Me résisterez-vous à moi?

(Elle le regarde avec chatterie).

BAVOLET tout troublé, à part..

J'en aurai le cœur net!
(haut) Eh! je reste, ma foi!

TOUS.

A la bonne heure! á la bonne heure!

POIROT.

Eh! s'il reste... moi, je demeure!

(On prend place autour de la table.)

GERMAIN (gravement à lui-même).

Voilà bien des façons, morbleu! pour accepter
Le souper que pour nous j'avais fait apprêter!

TOUS à table.

A table! à table!

CLORINDE.

Et vous, gentille
Bruscambille!
Contez-nous votre histoire, et dites-nous comment
Vous vîntes à Paris, en faire l'ornement.

TOUS.

Oui vraiment,
Contez-nous cela, belle enfant

ROSE parlé.

Té! c'est bien simple!

TOUS.

(Parlé.) L'histoire! l'histoire!

COUPLETS.

REFRAIN.

A Toulouse, en Toulousain,
Ah! pardine! on connaît bien
La famille
Bruscambille!
Pardine! on la connaît bien
A Toulouse, en Toulousain!

I.

Mon père il était un bel homme,
Un bel homme pour le pays,
Car, dans le Languedoc, en somme,
Les hommes sont plutôt petits.
Je ressemblais pas à mon père,
Mon père, ça lui faisait rien,
Drôle d'histoir', — C'était ma mère,
Qui lui disait toujours : Vaurien!

REFRAIN.

A Toulouse, en Toulousain
Ah, pardine en connaît bien
La famille
Bruscambille
Etc., etc.

CHŒUR.

Pardine! on la connaît bien,
A Toulouse, en Toulousain.

ROSE.

II.

A dix ans en dansant la ronde
Avec les mioch's à la pension,
Je faisais voir à tout le monde
Ma précoce vocation.
J'étais déjà légère et leste
Que mon père il en était fier :
Entrechats, ballons et le reste
Je restais demi-heure en l'air !

REPRISE DU REFRAIN.

TOUS.

Bravo ! bravo ! Bruscrmbille !

CLORINDE.

Maintenant, si vous voulez, nous allons prendre le thé dans le petit salon bleu... (Bas à Rose.) N'est-il pas temps que vous partiez ?

ROSE, de même.

Pas encore, madame ! j'ai mon idée.. (Elle lui parle bas.)

ARTÉMISE.

Allons ! dans le salon bleu !

LA COCARDIÈRE.

Allons ! venez dans le petit salon bleu !

POIROT en contemplation devant Rose, à part.

J'ai jamais vu une provinciale comme ça ! Oh ! si elle n'était pas ambitieuse !

CLORINDE Bas à Rose qu'elle quitte en riant.

Ah ! ce serait bien drôle !... Ah ! ah ! ah ! (A La Cocardière.) venez-vous, cher ?

LA COCARDIÈRE.

Je te suis bichette ! (Bas à Rose.) Rose, dans un quart d'heure, il faut que je te parle...

ROSE.

Hein !

LA COCARDIÈRE.

Tu as été adorable !... Il ne se doute de rien...éconduis-le... et tu sauras ce que vaut la reconnaissanec d'un la Cocardière...

ROSE, à part.

Ah! mais, quel gueux !

CLORINDE, bas à Rose.

Que vous dit-il ?

ROSE, bas.

Il ose encore...

CLORINDE.

Ne dites pas non... (A part.) Je tiens mon flagrant délit ! (Haut.) Eh bien! La Cocardière, venez-vous? (Elle sort avec La Cocardière et Madelon)

POIROT, bao a Rose.

Pardon! je pourrais-t-il vous dire un mot tout-à-l'heure dans le particulier ? (Il sort avec Arthémise.)

ROSE.

Ah ! Poirot aussi !

BAVOLET, de même.

Restez, j'ai besoin de vous parler.

ROSE.

Hein ? — Eh bien ! elle a du succès, ce soir, Dorothée Bruscambille !

POIROT rentrant.

Eh bien ! venez-vous ? Le thé est servi... (Il disparait).

ROSE.

Le thé ! J'aime mieux le champagne, ça m'empêche de dormir. (Elle boit un verre de champagne.)

SCÈNE IX

ROSE, BAVOLET.

ROSE, à part.

A nous deux ! (Haut.) Eh bien ! jeune éploré, qu'est-ce que vous me voulez ?

BAVOLET.

Ce que je veux ?...

ROSE.

Oui...

BAVOLET.

Voyons... là... vrai... entre les deux yeux, vous n'êtes pas... tu n'es pas Rose... ma femme ?

ROSE, à part.

Encore !... (Haut.) Eh bien ! entre vos deux yeux, je vous répète pour la dixième fois que je suis Dorothée Bruscambille, danseuse de l'Opéra ! Et, si vous en doutez... tenez... voilà mon portrait... avec toutes mes petites camarades.

BAVOLET, regardant le médaillon.

Ah ! c'est à devenir fou !

ROSE.

Jeune homme, écoutez... Je crois que la petite histoire de madame votre épouse vous a un peu tourné la cervelle... Allons, videz ce verre, pour vous rendre la raison ! Allons !

BAVOLET.

Oui, je boirai... parce que le vin, au moins, me fera oublier la perfide. (Il boit.)

ROSE, buvant aussi.

Ah ! oublier... Il paraît que je ne serais pas de force à vous la faire oublier toute seule ?

BAVOLET.

Vous ?

ROSE.

Moi !

BAVOLET.

Et pourquoi pas? (Ils boivent.)

ROSE, à part.

Le petit drôle ! Est-ce qu'il y viendrait?

BAVOLET, un peu gris.

Vous lui ressemblez tant, à la misérable...

ROSE, à part.

Ça... c'est une excuse...

BAVOLET.

Vous lui ressemblez tant... que depuis une heure je me tiens à quatre pour ne pas vous sauter au cou...

ROSE, un peu grise.

Eh ! pourquoi que vous n'essayez pas... Une danseuse, té... on dit que ça n'est pas sauvage... Eh?...

BAVOLET, entraîné vers elle, s'arrête toute à coup.

Ah ! non... Voyez-vous... ce n'est pas possible...

ROSE.

A cause ?

BAVOLET.

A cause que je lui ai juré fidélité aujourd'hui même..

ROSE,

Oui... ça, c'est vrai... vous avez juré...

BAVOLET, tristement.

Oui... j'ai juré.

DUO.

BAVOLET.

Il paraît que dans le grand monde,
C'est un usag' très-bien porté,
Monsieur va d la brune à la blonde,
Et madame court de son côté.
Il est conv'nu que sans scrupule
Entre époux on peut s' fair' des traits,
Moi, vous m' trouv'rez p't'-êtr' ridicule,
Mais je n' sais pas si je l' pourrais !

II.

RCSE.

Vous êtes un bien bon jeune homme;
Mais voulez-vous mon sentiment ?
Je vous trouve naïf, en somme,
Nous avons serment et serment.
Et si ma femme, sans scrupule,
Pour commencer, m' faisait des traits,
Moi, vous m'trouv'rez p't' êtr' ridicule,
Mais j'vous assur' que je l' pourrais !

BAVOLET, gris.

Eh bien ! oui ! C'est vrai, sur ma foi !
Et je n' suis qu'une bête, moi !
(Il boit). — (Parlé). Eh bien ! Eh bien !
Est-ce l'amour ou le vin de Champagne,
Dont la fumée a troublé ma raison ?
J'ai le vertige qui me gagne,
Aimons-nous donc, et sans façon !

ROSE, grise.

A la bonne heure ! et que rien n'interrompe
Ce tendre élan, ce doux émoi...
(A part, changeant de ton).
Ah, çà ! mais, il me trompe !...
Je sais bien que c'est avec moi...
Mais, c'est égal... il me trompe !

BAVOLET.

Tout ici-bas, est folie, est mensonge !...
C'est à l'amour qu'il faut s'abandonner.

Je me sens bercé par le songe
Où vos beaux yeux vont m'entraîner !

ROSE.

Oui, s'aimer, c'est le bien suprême !

BAVOLET.

Oui ! Dorothée ! oui ! je vous aime !

ROSE.

A vous mon cœur !

BAVOLET.

A vous ma main !

ROSE.

Votre main ? Mais votre femme...

BAVOLET.

Ca n' fait rien !
Je vous la donne tout d' même !...

ROSE, à part.

Nous réglerons ce compte-là demain !...

ENSEMBLE, reprise.

Est-ce l'amour ou le vin de Champagne
Dont la fumée a troublé ma raison ?
J'ai le vertige qui me gagne,
Aimons-nous donc, et sans façon !
(Ils disparaissent par la porte de droite.)

SCÈNE X.

CLORINDE, entrant doucement par la droite 2e place.

Ah ! le bon tour, monsieur La Cocardière !
Vous ne comptiez certes pas sur cela !
A chacun sa chacunière
Ils sont ici !
(Elle enferme Rose et Bavolet, puis éteint le candélabre.)
Je serai là !
Dans la nuit obscure

Tous les rats sont gris!
La bonne aventure!
D'avance, j'en ris!
Dans la nuit obscure
Tous les rats sont gris.
La bonne aventure!
Ah! ah! ah!
(Elle entre dans la chambre de gauche.)

SCÈNE XI

LA COCARDIÈRE, entrant à pas de loup par la droite, 2e plan.

Ils sont partis! la petite, sans doute,
A, par la ruse, éloigné son mari.
— O Richelieu! je suis ta route!
Rose m'attend! et me voici!
(Clorinde passe la tête à la porte et appelle: Pstt' Pstt! Il entre gauche, dans la chambre où a disparu Clorinde.)

SCÈNE XII

ARTHÉMISE, puis POIROT.

ARTHÉMISE entrant par le fond.

Clorinde? où donc est-elle? Et vous La Cocardière?
Pourquoi nous avoir tous quittés?
C'est une façon singulière
De recevoir ses invités!

POIROT, entrant par la droite, 2e plan.

Bruscambille! — Eh! la Bruscambille!
Un mot, de grâce! — Etes-vous là?
(Il heurte la table.)

ARTHÉMISE.

Hein?

POIROT.

C'est vous ?

ARTHÉMISE.

Mais.....

POIROT.

Vous êtes fièrement gentille...
Laissez-moi vous dire cela.

(Il la prend par la taille.)

ARTHÉMISE, riant à part.

Il me prend pour la Bruscambille !
Le pauvre homme se trompe ! — Eh bien !
Voyez si je suis gentille!...
Je ne dis rien !

(Poirot tombe à ses genoux. A ce moment, on aperçoit à travers la glace, à droite Rose et Bavolet, et à gauche Clorinde et La Cocardière reprenant le refrain de la chanson : « A Toulouse, en Toulousain. » Poirot, qui est aux genoux d'Arthémise, entonne lui-même à tue-tête le même air. — Le rideau baisse.)

FIN DU DEUXIÈME ACTE.

ACTE TROISIÈME

Le magasin de la jolie parfumeuse. — Porte au fond, donnant sur la rue, façade vitrée devant laquelle sont des pots de pommades, des flacons, etc. A gauche, premier plan, le comptoir, au-dessus une vitrine garnie de flacon, à droite un escalier conduisant à l'étage supérieur, au deuxième plan à gauche, presque de face, une grande armoire; chaises, escabeau, un balai près de l'escalier.

SCÈNE PREMIÈRE.

LA JULIENNE. — Dames de la Halle. — Grisettes. — Barbiers. — Clercs. — Courtauds de boutique etc. etc.

(Au lever du rideau, la scène est vide. La boutique est fermée extérieurement par des volets. On entend frapper violemment au dehors)

CHŒUR au dehors.

Pan! pan! pan! à la boutique!
Pan! pan! pan! il faut ouvrir!
Pan! pan! pan! c'est la pratique!
Pan! pan! pan! assez dormir!

BAVOLET, paraissant au haut de l'escalier en se détirant.

Qui vient de si bon matin
Frapper à mon magasin?

CHŒUR, au dehors.

Pan! pan! pan! à la boutique!
Etc., etc.

BAVOLET, qui est descendu.

Est-ce à cette heure qu'on achète?
(Allant ouvrir.)
Ah! quelle nuit! mon Dieu! que j'ai mal à la tête!

CHŒUR, entrant.

Eh! bonjour, joli mari,
Comment avez-vous dormi?

JULIENNE.

Vous avez pensé, je gage,
Qu'on venait pour acheter?

ANNETTE.

Mais non, c'est le voisinage
Qui vient vous féliciter.

CHŒUR.

La matinée est fort belle.
Et madame, où donc est-elle?
Eh! bonjour, joli mari,
Comment avez-vous dormi?

BAVOLET, bourru.

Ah! que le diable vous emporte!
Je vous le dis du fond du cœur!

JULIENNE.

Pour nous répondre de la sorte
Il faut qu'il soit d' mauvaise humeur!

CHŒUR.

D'où peut venir son ennui?

JULIENNE.

Ma foi! demandez-le-lui...

CHŒUR.

Demandons-lui!

RONDEAU, en chœur.

Soyez donc bon homme,
Et dit'-nous, voisin,
D'où peut bien, en somme,
Venir vot' chagrin?
Est-c' que votre femme,
Dans l'intimité,
De votre belle âme
A démérité?
Le soir de la noce
Eûtes-vous des mots ?
Avait-elle un' bosse
Au milieu du dos ?
Ou, dans les ténèbres,
Vous aurait-on fait
Des farces funèbres,
Pauvre Bavolet?
Ne s'rait-c' pas, peut-être,
Quelques mauvais gas
Qui s'raient venus mettre
De l'eau dans vos draps?
A-t-on, par malice,
Tiré, tout' la nuit,
Des feux d'artifice
Autour de votre lit?
Soyez donc bon homme,
Et dit'-nous, voisin,
D'où peut bien, en somme,
Venir vot' chagrin?

(Bavolet, qui s'est peu à peu impatienté pendant le chœur, va prendre un balai dans le coin de l'escalier et se met à poursuivre la bande.)

BAVOLET.

Allons, décampez d'là!...
Et plus vit' que ça!

(Tout le monde se sauve. — Bavelet seul, tombant assis au pied de l'escalier).

Il ne me manquait plus que leur charivari! Voyons, est-ce que tout ça n'est pas un rêve? Oh! non!... Rose n'est rentrée qu'après moi, à sept heures du matin... Je l'ai entendue... elle s'est enfermée dans la chambre d'à côté, oú elle dort encore, sans doute. Qu'a-t-elle fait toute cette nuit, la misérable ? (Se mettant la main devant les yeux.) Et qu'ai-je fait moi-même? Mon Dieu ! que j'ai mal à la tête !... Ah ! l'explication va être terrible !... Ah ! Poirot ! mon bon Poirot !

SCÈNE II.

BAVOLET, POIROT.

POIROT.

Bonjour ! Eh bien?

BAVOLET, bas.

Rien... elle dort encore... je n'ai pas osé la réveiller... mais j'attends...

POIROT.

Oui... il faut qu'elle t'explique... car si elle ne t'explique pas... tu ne sauras rien d'abord...

BAVOLET.

Et toi, d'où viens-tu ?

POIROT.

Moi, je viens de chez ses parents.

BAVOLET.

Quels parents ?

POIROT.

Ceux de la petite provinciale...

BAVOLET.

De Bruscambille ?... et pourquoi faire ?

POIROT.

Oui, j'ai bien réfléchi, je l'épouse... Je suis un honnête homme... je lui rends l'honneur.

BAVOLET, *à part.*

Comment? C'est lui qui lui rend l'honneur? Le pauvre garçon! s'il savait que... Oh! (*Haut.* Mais...

POIROT.

Oh! je sais bien ce que tu vas dire! C'est une danseuse, une fille qui montre ses mollets au public... Je me mésallie... mais je l'aime.

BAVOLET.

Comment, si vite que ça?

POIROT.

Oui, ça m'est venu comme une bombe! et à elle aussi!...

BAVOLET.

Bah!

POIROT.

Oui.

BAVOLET.

Elle te l'a dit?

POIROT, *avec un sourire fin.*

Si elle me l'a dit, non, elle ne me l'a pas dit : elle me l'a indiqué... Je viens donc de chez ses parents.

BAVOLET.

Mais comment as-tu eu l'adresse?

POIROT.

A l'Opéra... Je suis été au petit jour chez le suisse, mon confrère. Les parents étaient encore couchés. J'ai pas voulu les réveiller; on ne peut pas réveiller les gens pour demander la main de leur fille, mais j'ai parlé à la bonne... Très-gentille, la bonne... si elle n'était pas ambitieuse!... Elle n'a rien compris à ce que je lui disais, mais elle m'a dit que je ferais mieux de leur écrire, parce qu'ils me comprendraient mieux... Alors, voilà ce que je leur écris : A monsieur et madame Dorothée Bruscambille.

LETTRE.

Monsieur, madam' Dorothé' Bruscambille,
Pardon, excus' pour mon indiscrétion ;
J'viens vous d' mander la main de votre fille,
C' que je n' frais point si j' nétais pas garçon !
J' veux pas savoir si c'est un' fille unique,
Elle est unique en beauté, ça m' suffit.
J'ai pas besoin d'une dot magnifique,
Car la vrai' dot, c'est les fleurs de l'esprit.
Mon Dieu! j' sais bien que vot' fille est danseuse,
Et qu' les danseus' montrent plus que leur né.
J' sais qu' leur vertu, c'est un' chos' vétilleuse,
Et que, des fois, y' en a qu'ont mal tourné ;
Mais, voyez-vous, j'ai là-d'ssus mon idée,
D' la profession faut pas s'embarrasser ;
Car une femm', quand elle est décidée,
Pour mal tourner n'a pas besoin d' danser.
Moi j' suis bel homm', j'ai jamais eu un rhume,
Et je m'appell' Jean Poirot de mon nom.
Sous votr' respect, poireau c'est un légume
Avec lequel on fait du bon bouillon.
J'ai le cœur tendre, amoureux et très-vierge,
Et je suis Suiss', quoiqu' natif de Nogent,
Comm' qui dirait portier ou bien concierge
Dans un' maison ous' qu'y a de l'argent !
Ayant de quoi, croyez, monsieur et dame,
Que sur la dot' je n' s'rai pas très-taquin :
Si vous voulez qu' Dorothé' soit ma femme
Répondez-moi : Hôtel Saint-Florentin.

BAVOLET.

Mon ami, c'est plein de délicatesse...

POIROT.

Mon Dieu ! je l'ai écrite avec mon cœur... Et je vais la porter moi-même... M'accompagnes-tu ?

BAVOLET.

T'accompagner ! Et mon explication avec madame Bav... avec mam'selle Rose ?...

(Rose paraît au haut de l'escalier.)

Ah ! Poirot... c'est elle !

SCÈNE III.

LES MÊMES, ROSE.

ROSE, l'apercevant.

C'est lui ! (elle descend.)

POIROT.

Du calme !

(Au moment où Rose arrive au milieu du théâtre, Bavolet se précipite vers elle. Il ouvre la bouche pour l'apostropher ; Rose le toise d'un air de défi impertinent et indifférent à la fois. Bavolet, interdit, ne trouvant rien à dire, la toise du même regard.)

POIROT.

Prends garde ! du calme !

BAVOLET, remontant au fond.

Viens ! je l'étranglerais !

(Ils sortent tous les deux ; Rose, en allant à son comptoir, murmure entre ses dents le refrain du second acte.

ROSE.

« Une femme légitime.
« Ça se retrouve toujours... »
(La Cocardière apparaît au fond)
Monsieur La Cocardière !

SCÈNE IV.

ROSE, LA COCARDIÈRE.

LA COCARCIÈRE, faisant claquer ses doigts avec mystère.

Bonjour, Rose !

ROSE, baissant les yeux d'un air honteux.

Bonjour, monsieur La Cocardière.

LA COCARDIÈRE.

Vous êtes rentrée à bon port, Rose?...

ROSE, de même, à voix basse.

Oui, monsieur La Cocardière.

LA COCARDIÈRE.

Rose ! mon bonheur me parait un rêve... Il me semble que je suis encore plus amoureux depuis que...

ROSE.

Oh ! monsieur La Cocardière, plus bas... de grâce... si on nous entendait...

LA COCARDIÈRE.

N'aie pas peur... Amour et mystère... tel est mon panache... Je t'apporte là dans ce portefeuille le reste de la dot... j'y ai joint...

ROSE.

Quoi donc?

LA COCARDIÈRE.

Quelques autrès petits chiffons !..

ROSE.

Oh ! je rougis, monsieur La Cocardière !

LA COCARDIÈRE.

Non ! ne rougis pas !.. Danaé ne rougissait pas sous la pluie... Je veux que tu sois heureuse... Dans un mois tu auras carrosse...

ROSE.

Carosse ! oh !.. Et Bavolet ?...

LA COCARDIÈRE.

Nous lui dirons que c'est la parfumerie !... ça va merveilleusement, en ce moment, la parfumerie... c'est immense comme ça rend !

ROSE.

Tiens ! vous avez l'air de rire ! mais il est certain que mon magasin est très-achalandé.

LA COCARDIÈRE.

Tu vois bien.

UN CLIENT, entrant.

Un flacon d'eau de la reine de Hongrie, s'il vous plaît.

ROSE.

Voilà ! Ah! mon Dieu ! ils sont là haut! (Elle désigne la vitrine au-dessus du comptoir.) il faut que je monte.

LA COCARDIÈRE.

Attendez, je ne souffrai pas qu'en ma présence . (Il monte sur la chaise.) Là, dites-vous ?

ROSE.

Oui... à gauche.... vous y êtes !

LA COCARDIÈRE, redescendant.

La reine de Hongrie demandée.

LE CLIENT.

Merci ! C'est combien ?

ROSE.

Cinq livres.

LE CLIENT.

Hum ! ça n'est pas donné.

LA COCARDIÈRE.

Nous ne donnons rien, ici, nous vendons... et puis tout est hors de prix aujourd'hui dans la parfumerie.

LE CLIENT.

Enfin ! (Il paye et sort.)

LA COCARDIÈRE.

Rose.,. une demande indiscrète... Aimes-tu un peu ton petit Co-Cocardière ?

ROSE.

Mon parrain.

LA COCARDIÈRE.

Dis... oh ! dis, que tu aimes quelque chose en moi... ne fût-ce que mon nez...

DEUXIÈME CLIENT, entrant.

Cinq sous de pommade à la vanille.

LA COCARDIÈRE. criant.

Voilà !

ROSE.

Tenez, mon parrain, là, dans ce grand pot.

LA COCARDIÈRE.

Ah ! dans ce grand... pot...

ROSE.

Seulement, si vous ne mettez pas le tablier, vous allez vous tacher,... rien ne marque comme la vanille...

LA COCARDIÈRE, au client.

En effet, si vous ne mettez pas le tablier...

ROSE.

Mais non, vous...

LA COCARDIÈRE.

Moi, c'est juste... Je le mets. (Il prend un tablier et se le passe au cou..) Cinq sous, c'est ?..

ROSE.

Un quart de livre.

LA COCARDIÈRE, pesant la pommade et l'enveloppant dans du papier.

Un quart de livre. Voilà, jeune homme, et bonne mesure.

DEUXIÈME CLIENT.

Merci, vieux! (A part en sortant.) Il a l'air bête, ce commis-là.

LA COCARDIÈRE.

Rose... tu ne m'as pas répondu. Tu ne veux donc pas faire un plaisir à ton Chrysostome mignon?

ROSE.

Ah! monsieur!

UNE SOUBRETTE, entrant.

Le flacon d'essence de patchouli de madame la marquise?

LA COCARDIÈRE.

Encore! c'est vrai qu'il est achalandé, son magasin.

ROSE.

Ah! mon Dieu! le patchouli, je l'avais oublié, il est encore à décanter.

LA CAUCARDIÈRE.

Il décante!

LA SOUBRETTE, une liste à la main.

Item, sa tubéreuse, son extrait de musc et sa teinture de benjoin!

ROSE.

Tout cela est encore là haut.

LA COCARDIÈRE.

Tout ça décante!

ROSE.

Ah! mon parrain!

LA COCARDIÈRE.

Il faut monter?

ROSE.

Oui, au troisième... les quatre flacons sont dans le bain-marie... Vous les retirerez, les laisserez refroidir et vous me les descendrez.

LA COCARDIÈRE, tirant sa montre.

Diable, c'est que...

ROSE, bas, baissant les yeux.

C'est pour m'éviter une fatigue... J'ai si peu dormi cette nuit.

LA COCARDÈRE, posant la main sur son cœur.

Je décante ! Je décampe ! J'y monte ! (A part.) C'est égal ! il est très-achalandé ce magasin. (Il montete l'escalier.)

ROSE, à la soubrette.

Allez, mademoiselle, dans un quart d'heure on enverra chez votre maîtresse. (La soubrette sort Clorinde parait en même-temps à la porte.) Ah ! Clorinde !

SCÈNE V

ROSE, CLORINDE.

CLORINDE.

Eh bien ?

ROSE.

Il est ici !

CLORINDE.

Bon !

ROSE.

J'ai fait tout ce que vous m'avez dit... Je lui ai laissé croire... mais c'est rude, allez !

CLORINDE.

Bah ! quand on veut se venger, et tu le veux toujours ?

ROSE.

Si je le veux !... Oh ! oui, me venger de lui beaucoup... et de Bavolet un peu...

CLORINDE.

Oh ! Bavolet...

ROSE.

Il est peut-être le plus coupable... Ne m'a-t-il pas soupçonnée... et enfin ne m'a-t-il pas trahie le premier jour de mes noces ?

CLORINDE.

Trahie... avec toi!

ROSE.

C'est un hasard! ça pouvait ne pas être moi,.. Comme avec M. La Cocardière, ça pouvait ne pas être vous! Et puis, si je ne le mets pas au pas dès le premier jour, qu'est-ce que ce sera le mois prochain?

CLORINDE, *qui a regardé au dehors.*

Le voici!

ROSE.

Bon!... laissez-moi seul avec lui.

CLORINDE.

Mais La Cocardière, il faut que je le...

ROSE.

Nous avons le temps, il fait refroidir du patchouly... Allez! allez! entrez-là! *Elle fait entrer Clorinde à droite.*

SCÈNE VI

ROSE, BAVOLET. *Il parait au fond très-agité.*

DUO.

BAVOLET *à part.*

A nous deux, ma femme!

ROSE *à part.*

A nous deux!

BAVOLET.

Pourriez-vous me dire madame,
Où vous avez passé la nuit?

ROSE.

Et vous, pouvez-vous me dire sans honte
C'que vous avez fait d'puis minuit?

BAVOLET, troublé.

Moi, j' n'ai pas à vous rend' de compte...
J' vous l' dirai... quand vous m' l'aurez dit.

ROSE.

Votre silenc'suffit pour vous confondre.,.

BAVOLET, croisant les bras.

Moi, vot' mari, j', vous ordonne de répondre...

ROSE, de même.

Et moi, vot' femm', j'm'y r' fuse absolument !

BAVOLET.

Absolument ?

ROSE.

Complétement !

BAVOLET.

Complétement !

BAVOLET, à part.

V'là qu' je m' emporte encor ?
C'est bête.
Quand on n'a pas la conscience nette,
Il ne faut pas crier si fort !
(Haut doucement). Rose ! Rose !

I.

Il fut un temps où tu m'aimais.

ROSE.

Il fut un temps où je l'aimais.

BAVOLET.

Ce temps a-t-il fui pour jamais?

ROSE.

Ce temps n'a pas fui pour jamais.

BAVOLET.

Nous rêvions amours éternelles
Pour nos cœurs tendres et fidèles.

Ce souvenir
Peut révenir...
Ouvre ton cœur et tout est dit,
Où donc as-tu passé la nuit ?

II.

ROSE.

Tu parles-là d'un temps bien doux.

BAVOLET.

Oh ! oui, c'était un temps bien doux !

ROSE.

Y'avait pas d' secrets entre nous.

BAVOLET.

Y'avait pas d'secrets entre nous .

ROSE.

Pas de soupçon, de réticence,
On avait pleine confiance.
Ce souvenir
Peut revenir...
Ouvre ton cœur... et tout est dit,
Où donc as--tu passé la nuit?

BAVOLET, hors de lui.

Ah ! c'est trop fort, rien ne la touche,
Pas un mot ne sort de sa bouche !...
Au lieu de m' demander pardon
Petit' malheureus' ! (La menaçant).

ROSE, le défiant.

Battez-moi donc ?

BAVOLET, s'arrêtant.

Non ! non ! se batt', c'est bon pour le vulgaire !. .

ROSE.

Alors, pourquoi tous ces cris superflus?

BAVOLET.

Je sais ce qui me reste à faire...
Rose ! vous ne me verrez plus !

ROSE.

Tant mieux ! je n'vous entendrai plus !

BAVOLET.

Adieu ! vous ne me verrez plus !

ROSE.

Je n'vous entendrai plus !

ENSEMBLE.

BAVOLET.

Ah ! c'est affreux ! ah ! c'est infâme !
V'là donc c'que c'est qu'l 'amour d'un' femme !
Adieu bonheur. rèves perdus !
Adieu, Ros', vous n'me verrez plus !

ROSE.

Ah ! c'est affreux ! ah ! c'est infâme !
On n'doit pas sonpçonner sa femme !
C'est lui qui d'vrait être confus !
Qu'il parte, je n' le verrai plus !

BAVOLET.

Adieu, Rose ! (Il se dirige vers la porte, au moment de la franchir, il se retourne).
Rose... où donc as-tu passé la nuit ?

ROSE.

On n' doit pas soupçonner sa femme !
C'est infâme !

BAVOLET.

Adieu !

ROSE.

C'est dit ! (Bavolet sort en courant).

SCÈNE VII

ROSE, puis LA COCARDIÈRE.

ROSE.

Eh bien ! qu'il s'en aille ! C'est trop d'entêtement aussi.

Oh !... quand je pense que tout cela c'est la faute de ce monstre de La Cocardière !

LA COCARDIÈRE descendant l'escalier, il tient entre ses bras quatre flacons de parfums débouchés.

Bichette ! Ils sont comme glace, on peut les livrer à madame la marquise (mettant un cinqueème dans sa poche) à part). Ça... c'est de de l'eau du serpent pour la teinture... ça peut servir.

ROSE.

Venez ici, vous ! Vous savez ce qui se passe ?

LA COCARDIÈRE.

Non, mais tu vas me le dire. — Laisse-moi d'abord déposer ces flacons. Que ce patchouli sent fort !...

ROSE s'arrêtant.

Il se passe que mon mari sait tout.

LA COCARDIÈRE.

Ciel !

ROSE.

Que lui et elle vous cherchent pour vous tuer !

LA COCARDIÈRE.

Hein !

ROSE.

Que madame Clorinde sait tout.

LA COCARDIÈRE.

Ah ! mon Dieu !

ROSE.

Et que moi je n'ai plus qu'à fuir avec vous, bien entendu !

LA COCARDIÈRE.

Avec moi.

ROSE.

Nous irons loin, bien loin de la France, établir une parfumerie chez les sauvages, s'il le faut !

LA COCARDIÈRE.

C'est que je vais te dire, bichette, en dehors de la parfumerie, j'ai des affaires ici,... Satané patchouli !

ROSE.

Vous hésitez ? Il hésite ! — Après avoir poussé une faible femme dans l'abîme, il refuse de l'en tirer !

LA COCARDIÈRE.

Non ! je ne refuse pas, mais... (Il essaie de repousser le patchouli).

ROSE.

Heureusemeut que la vengeance ne se fera pas attendre. J'aperçois madame Clorinde.

LA COCARDIÈRE.

Sapristi ! où me cacher ?

ROSE.

Oh ! la fureur éclate dans ses yeux !

LA COCARDIÈRE se cachant sous l'escalier.

Bichette ! au nom de notre amour, serre-moi quelque part !...

ROSE.

Pas par-là ! (Il sort de dessous l'escalier et veut le monter). Pas là non plus ! (Il va au comptoir.)

LA COCARDIÈRE.

Mais où alors, où ?

ROSE.

Tenez là ! l'armoire ! (Elle le fait entrer dans l'armoire.)

LA COCARDIÈRE r'ouvrant.

Rose ! reprends le patchouli !... Il me rend fou !

ROSE refermant.

Trop tard ! voici Clorinde !

SCNE VIII

ROSE, CLORINDE, LA COCARDIÈRE, dans l'armoire, Clorinde rentre).

ROSE (lui faisant signe que La Cocardière est dans l'armoire).

Mes hommages, madame. Que dois-je vous servir ?

CLORINDE qui a compris avec une violence affectée.

Ce qu'il faut que tu me serves?

COUPLET.

Ce qu'il faut me servir
C'est mon amant, ma chêre,
Ce bon La Cocardière,
Allez me le quérir.

Ah ! femme vertueuse,
Candide et doucereuse,
Aux yeux baissés, au doux maintien !
Moi, jamais je ne guette,
Vos amants de guinguette,
Pourquoi me prenez-vous le mien ?

Ce qu'il me faut servir,
Etc., etc.

ROSE.

Je ne sais ce que vous voulez dire... Mais M. La Cocardière n'est pas ici, madame.

CLORINDE.

Tu mens ! je l'ai vu ! Tu me le caches parce que tu es sa complice ; mais il ne niera pas le flagrant délit cette fois... Tiens ce gros diamant que tu as au doigt et qu'il t'a passé lui-même... (Elle le retire de son doigt et veut le passer à celui de Rose qui le refuse). Il est ici, te dis-je, et je te somme de me le livrer.

ROSE.

Fouillez partout, madame, et vous verrez si je vous trompe!

CLORINDE.

Soit ! je fouillerai... Quelle est cette chambre?

ROSE.

C'est l'arrière-boutique.

CLORINDE.

J'y vais. (Elle sort à gauche. en passant devant l'armoire, elle donne un coup de poing dedans, on entend un bruit de flacons. La Cocardière tenant toujours ses flacons dans ses bras, ouvre la porte de l'armoire. Il est très-pâle.)

ROSE.

Vous l'avez entendu ?

LA COCARDIÈRE.

Oui, ne faiblis pas et retire-moi le patchouli, il m'asphyxie.

ROSE.

Silence ! elle revient ! (Elle referme la porte.)

CLORINDE, rentrant.

Personne ! Et cette autre pièce ?

ROSE.

C'est le laboratoire; mais je vous jure bien, madame !

CLORINDE.

Arrière ! je visiterai plutôt toute la maison ! (Elle entre à droite en faisant beaucoup de bruit.)

LA COCARDIÈRE, rouvrant la porte.

Rose... je vais me trouver mal !... Au moins la tubéreuse !

ROSE.

Trop tard ! (Elle referme l'armoire.)

CLORINDE, revenant.

Rien ! Ah ! il est bien caché, mais j'ai de la patience !

et quand je devrais rester toute la journée et toute la nuit. (Elle s'assied sur un tabouret, au bas de l'escalier.)

ROSE.

Que faites-vous ?

CLORINDE.

Je monte ma faction !... je me suis promis de le trouver... je le trouverai !

SCÈNE IX

LES MÊMES LA JULIENNE.

LA JULIENNE.

Ah ! mon Dieu ! mon Dieu !

ROSE.

La Julienne !.. qu'y a-t-il ?

LA JULIENNE.

Ah çà !.. qu'est-ce que tu as déjà fait à ton mari... petite malheureuse ?

ROSE.

Comment ! c'que j'ai fait ?

LA JULIENNE.

Je l'ai aperçu, de loin, il y a un instant, qui courait comme un fou du côté du quai...

ROSE.

Du côté du quai !

JULIENNE.

J'ai couru aussi... Quand je suis arrivée, j'ai vu un rassemblement... et on disait qu'un homme venait de se jeter à l'eau !.. Alors j'ai pas osé regarder !..

ROSE.

Ah! Bavolet! Courons!

SCÈNE X

LES MÊMES, BAVOLET, POIROT, VOISINS, VOISINES.

FINAL.

BAVOLET, de la porte.

Où donc as-tu passé la nuit?

ROSE.

Allons! t'as plus d' cœur que d'esprit!
(Avec l'accent toulousain.)
« A Toulouse, en Toulousain,
« Pardine! on la connaît bien.

BAVOLET, s'élançant dans les bras de Rose.

Ah! Rose! (Ils s'embrassent à cœur-joie.)
Qu'ell' méchant' plaisant'rie!

ROSE.

On n' t'en f'ra plus! j' té l' certifié!
Tu les prends trop mal, pardi pas!

POIROT.

Pardi pas!
Pourquoi donc qu'elle dit : Pardi pas!...
S'rait-c' pour se moquer d' moi... parc'qu'on vient de [me r'mettre,]
La réponse à ma lettre?

BAVOLET.

Ah! l'on t'a répondu?

POIROT.

V'là l' petit mot qu' j'ai r'çu!
Et j'en suis confondu!
(Sur l'air de la lettre.)
« Votre demande est un honneur extrême.
« Mais notre fill' qu'est marié' d'puis sept ans.
« A cinq enfants. Nous attendons l' sixième.
« Qui doit venir de moments en moments! »

LE CHŒUR.

Ce pauvr' Poirot ! Ce pauvr' Poirot !
(Grand bruit de verres cassés dans l'armoire. Parlé sur la musique.)

TOUS.

Qu'est-ce que c'est que ça ?

LA COCARDIÈRE, dans l'armoire.

Ouvrez, au nom du ciel, ouvrez!...

CLORINDE.

Ah ! mon Dieu ! La Cocardière que nous oublions. Faut-il ouvrir, Rose !

ROSE.

Oui, allez, il doit être à point ! (Clorinde ouvre, La Cocardière sort en chancelant.)

LA COCARDIÈRE.

Beuh ! beuh ! De l'air, j'étouffe ! (On le fait asseoir au milieu de la scène.)

BAVOLET.

Mon parrain !

LA COCARDIÈRE.

Faites-moi respirer quelque chose ! n'importe quoi, mais pas de parfums !... Oh ! quelque chose qui sente mauvais ! Beuh !...

POIROT, lui mettant une pipe culottée sous le nez.

Attendez, je vas vous faire une diversion.

LA COCARDIÈRE.

Ah ! que c'est bon !

BAVOLET, s'avançant

Ah çà, mon parrain, dans cette armoire, qui signifie?

CLORINDE.

Cela signifie que vous n'êtes pas le seul jaloux !... Il

venait épier ici... celle qui, le mois prochain, doit s'appeler madame La Cocardière !

LA COCARDIÈRE.

Hein !

TOUS.

Sa femme !

CLORINDE montrant la bague qu'elle a au doigt.

Oui, messieurs, sa femme...

LA COCARDIÈRE.

Ah ! permettez...

CLORINDE.

Et à telles enseignes qu'il m'a déjà donné l'anneau des fiançailles...

LA COCARDIÈRE, à part.

Elle !... c'était elle !

CLORINDE, bas.

Je vous ai dit, mon bon, que le flagrant délit serait extrêmement cher...

LA COCARDIÈRE, à part.

Oui... mais on peut se racheter !...

(Reprise de la ronde du final du premier acte.)

CLORINDE.

Eh bien ! La Cocardière !
Vous voilà mon mari !

LA COCARDIÈRE.

C'est-à-dire, ma chère
Que j'en suis ébloui !

BAVOLET, riant à Rose.

Lequel a trompé l'autre
Hier après minuit ?

ROSE, riant, à Bavolet.

Où diantre, bon apôtre.
As-tu passé la nuit ?

POIROT

Allons ! gens de la noce,
Rentrons dans nos foyers :
Les uns dans leur carrosse,
Et les autres à pied.

CHŒUR.

Allons ! gens de la noce,
Rentrons dans nos foyers :
Les uns dans leur carrosse,
Et les autres à pied.

FIN.

CLICHY. — Imp. PAUL DUPONT, rue du Bac-d'Asnières, 12.

EXTRAIT

DU

CATALOGUE DE LA LIBRAIRIE TRESSE,

10 ET 11, GALERIE DE CHARTRES,

PALAIS-ROYAL.

CABINET SECRET

DU

MUSÉE ROYAL

DE NAPLES

Un beau volume in-4° grand raisin vélin, orné de 60 planches coloriées, représentant les peintures, les bronzes et statues érotiques qui existent dans ce cabinet. Au lieu de 100 francs, broché. . . . . 60 fr.

Le Même, figures noires, broché. 40

— figures coloriées sur chine, demi-reliure en veau. 80

— figures noires sur chine, demi-reliure en veau. . 70

— doubles figures noires et coloriées, cartonné. . . 90

— avec les deux collections de gravures sur papier de Chine parfaitement coloriées, demi-reliure, dos en veau à nerfs 120

L'art ancien et l'art au moyen âge ne se piquaient pas d'une pudeur bien chaste; les plus admirables chefs-d'œuvre sont souvent accompagnés de détails obscènes qui en rendent impossible l'exposition aux yeux de tous. Le cabinet secret du roi de Naples est la seule galerie au monde où l'on se soit proposé de réunir tous les chefs-d'œuvre impudiques. Le livre qui les reproduit est l'indispensable complément de toutes les collections de musées, et doit trouver place dans un coin secret de la bibliothèque de l'artiste et de l'amateur.

Clichy. — Impr. Paul Dupont et Cie, rue du Bac-d'Asnières, 12.

Clichy. — Imprimerie Paul Dupont, 12, rue du Bac-d'Asnières.

www.ingramcontent.com/pod-product-compliance
Ingram Content Group UK Ltd.
Pitfield, Milton Keynes, MK11 3LW, UK
UKHW021549260726
13993UKWH00002B/737

9 782329 601359